Begleitheft zur Lektüre

Mother to Mother

Vera Kowalewski and Lukas Proszowski

Begleitheft zur Lektüre
Mother to Mother

Originalroman von Sindiwe Magona

Ernst Klett Sprachen
Stuttgart

Sindiwe Magona

Mother to Mother – Begleitheft

by Vera Kowalewski and Lukas Proszowski

Die Seitenangaben in diesem Heft beziehen sich auf die Bluestreak-Klett Ausgabe des Romans (Klett ISBN 3-12-573854-7).

1. Auflage 1 6 5 4 3 | 2020 19 18 17 16

Redaktion: Paul Newcomb

Beraterin: Claudia Drawe

Layoutkonzeption: Maja Smrcek

Gestaltung und Satz: Satzkasten Stuttgart

Umschlaggestaltung: Maja Smrcek

Druck und Bindung: Medienhaus Plump GmbH, Rheinbreitbach

Printed in Germany

ISBN 978-3-12-573855-3

9 783125 738553

Contents

1. Introduction

1. What is this book and how do I use it?

Aims of this book

This book accompanies and aids your reading of Sindiwe Magona's ([sɪndiwe.mæɡɔ:nə]) novel *Mother to Mother* in the *Oberstufe*. It should also help you with your revision work before your exams.

How is it organised?

This book is basically divided into three parts: *before* you read, *while* you are reading, and *after reading*.

1. **Before you read *Mother to Mother*:**
   - Read this short Introduction.
   - Look at the study tips below.
   - Read the author's biography on page 11. Magona has had an extremely varied and unusual life. *Mother to Mother* is at least partly autobiographical.
   - Read the first few entries in the list of main characters on page 13 and keep it handy while you read the novel.

2. **While you read:**
   - Use the annotations wisely. (See separate note in the study tips).
   - Refer to the "Historical and cultural background information" in Chapter 3.1 of this book. (See "Further features" below).

3. **While and/or after reading:**
   - Read the historical timeline in Chapter 3.2.
   - When you are revising for exams, read or re-read Chapter 3 of this book: "Additional information on South Africa." In particular re-read texts which you find or found most useful.

Further features

- Cross referencing system. As you read and use the annotations to *Mother to Mother* (in Chapter 2 of this book), you will see that some of them have a symbol **i** and a page reference. These refer and lead you to the illustrated "Additional information" in Chapter 3, or occasionally to the historical timeline.
- Down the sides of the pages that contain the annotations, there is a line-finding system (we call it a "*Zeilometer*"). Use the *Zeilometer* to match the line number next to each annotation. This will save you time, allowing you to get back to the text as quickly as possible.

Note: You will find only a very few, short, specific tasks in this book. They are reserved for later – your teacher will supply you with many, no doubt! This book is to help and support your reading when you are alone with the novel. However, reading the additional information in Chapter 3 before you work on the text of *Mother to Mother* in class will help you with the tasks your teacher sets you.

We hope that you enjoy Sindiwe Magona's moving and very informative South African novel, *Mother to Mother.*

2. Study tips

German *Oberstufe* students who have read *Mother to Mother* have reported that they found the English really not too difficult, that it was more the South African history and cultural background in the book that was tricky. Here are some tips for your reading.

1. Reading strategies

General

When you are reading, do not worry if you do not understand every word – even if it is a word in Xhosa. As you know, reading a long novel is a very different exercise from preparing for, say, a vocabulary test – although you **will** learn a lot of vocabulary by reading *Mother to Mother*. Often you can understand a sentence even if there are one or two words that you don't know. Look at the sentence again, even maybe re-read the whole paragraph. Often you'll find that you've understood what's going on, which is the main point of reading a book (as opposed to when you are learning individual items for a vocabulary test, when you **do** need to understand every word).

> **STUDY TIP**
> Concentrate on the meaning of a whole paragraph rather than individual words!

In other words, try to concentrate on the *general* meaning, and not on the specific meaning *of every word*.

Of course, there is always a dictionary – but this should be your *final* option, *not* your first, as it can be time consuming, disturb your reading flow, and ultimately not be as useful as you think it might be!

The strategies below may help you to understand meanings of unknown words without looking at the annotations or a dictionary. Perhaps some of them are new to you. Your English will improve **even more** if you only refer to the annotations or a dictionary as a safety net when the strategies presented here fail.

> **STUDY TIP**
> Use these three specific vocabulary strategies

i) Context

You can often discover the meaning of an unknown word or expression by looking carefully at the words or sentences before and after it. Examining the context in which a word appears is by far the most important technique. For example, *glance* in the sentence: "*I glance out the window, and I see …*" in the context can only mean "look".

ii) Word formation

Some words are composed of two or more elements. Their meaning can be determined by identifying the root word and then finding out how the other elements change the meaning of the root word. Take the word *worthless*. The root is *worth*, meaning "value". The suffix *-less* means "without", so *worthless* means "without worth or value".

iii) Sound

Sometimes saying a word out loud will suggest its meaning.
Most of the time the context helps here, too. Look at *whisper* in the sentence *"almost like he's whispering something sweet and kind."*

> **STUDY TIP**
> Don't feel discouraged, as that stops you from learning. Stay positive!

Finally it is important to accept that you will not understand *every* word when reading in a foreign language (or even in your own language, sometimes). Don't let that frustrate you. We would like to encourage you to just ignore certain words that you don't understand – reading a long text means global or "gist" understanding and not necessarily close, specific understanding of all the words.

If, however, you find that there are words that keep coming up, and you think that you aren't understanding *the plot*, then is the time to look them up in a dictionary.

2. The author's use of multiple languages

In *Mother to Mother*, Sindiwe Magona peppers her English text with Xhosa (see essay on page 66: "Xhosa and other South African languages"). Occasionally, there are words and phrases in Afrikaans, too. She does this, as this is quite normal in everyday South African life, where there are no fewer than **eleven** recognised official

> **STUDY TIP**
> Be aware of the use of multiple languages in Mother to Mother!

languages. (Though in real life, her characters would almost certainly be speaking mainly Xhosa with each other rather than English).

In nearly every case, Magona provides an English translation or explanation, so that all her readers understand what is happening. If she doesn't, we have usually filled those gaps with an annotation. In cases where we *haven't* done this, we feel that it is not important to understand those words, because the context and meaning are clear.

3. Cross-referencing system

See above for how to use this section. If you find that reading the background information in Chapter 3 takes too long, or disturbs the flow of your reading, leave the texts until later – maybe until you have finished reading the chapter, or even until you have read all of *Mother to Mother*.

Although they are not vital to understanding the novel, they will give you a lot of valuable historical and cultural information about South Africa, and knowing this information, or thinking about it and maybe researching more deeply, will undoubtedly help you when working on the whole topic.

As already mentioned, they also provide you with a basis for revising the topic later, perhaps if you don't have time to re-read the whole novel.

3. About the author
Sindiwe Magona

Life

Sindiwe Magona was born on 27 August 1943, in the village of Gungululu in Eastern Cape (formerly Transkei), South Africa. The eldest of eight children, Magona moved to a township near Cape Town when still very young.

There came a time in her life when she was aged 23, the mother of two young children, and pregnant. Her husband had left her, and she was desperately poor and close to giving up. Although she had a teaching diploma, she could not work as a teacher, because the government would not consider a single, black mother. As the first member of her family to have a degree, she felt that she was a terrible failure and that she had let her family down.

But she also realised that only she could turn her life around. In an inspirational moment, she decided to start a new life. She took a job as a domestic servant (for a white family, of course). Then, hard as it was, she sent her children away to be looked after by others while she started studying again, completing another degree through the University of South Africa. After this, in 1981, she completed a graduate degree from Columbia University, USA. To do this, she wrote essays and got feedback from teachers by sending everything through the mail. And she lived in a shack in the township without electricity amongst people with very little education, in an atmosphere of huge political troubles in apartheid-era South Africa. It was a remarkable act of courage, faith and dedication in the face of incredible odds.

At the beginning of the 1980's, she successfully applied to work for the United Nations, moving to New York and taking her children with her. She worked for this high-flying institution for 20 years. Until 1994 she presented radio programmes about the UN's role in ending apartheid. She then worked in the Public Information Department until 2003, when she retired and returned to Cape Town.

Literary career

Magona's first book appeared in 1990. It is an autobiography, called *To My Children's Children*. A collection of short stories, *Living, Loving and Lying Awake at Night* followed in 1991. Her first novel, a children's book called *The Best Meal Ever!* was published in 1998. This book was translated into Afrikaans in 2006, the same year in which her only book in Xhosa (*Esona-sona sidlo!*, another children's book) came out. 1998 also saw the publishing of our book, *Mother to Mother*. *Push Push* arrived in 2001. Her 2008 novel *Beauty's Gift* has been described by South African AIDS activist Zackie Achmat as "one of the most important books about HIV/AIDS in our country".

Magona has also adapted *Mother to Mother* as a play. It was performed for the first time in late 2009, the same year as her first collection of poems *Please, Take Photographs* was published.

Magona has also written over a hundred children's books.

Awards

Beauty's Gift was shortlisted for the 2009 Commonwealth Writers' Prize Best Book, Africa Region. She was awarded an honorary Doctorate by Hartwick College in the USA in 1993. In 1997 she was a fellow of the New York Foundation for the Arts in the category non-fiction. In 2011 she received the Order of Ikhamanga, the highest Presidential award in South Africa for achievements in arts and literature.

Present life

She is currently Writer in Residence at the University of the Western Cape in Cape Town, as well as working for Georgia State University in Atlanta, Georgia, USA.

4. List of main characters in order of appearance

NAME(S)	ROLE/DESCRIPTION	PAGE
Amy Biehl	Young, white American woman killed by a mob in Guguletu, Cape Town in 1993	preface
Mandisa	First person narrator, mother of the murderer, Mxolisi. The name her white boss gives her because she cannot (or will not) say "Mandisa" is "Mandy" (p. 20). When she marries China, his family give her the name "Nohehake" (which is basically a rude word, as explained in the text at the bottom of page 134). Her grandfather calls her "Mzukulwana", which just means "grandchild" (p. 174).	1
Mxolisi	Mandisa's elder son, Amy Biehl's murderer. Father (probably): China. Mandisa names him "Hlumelo" (p. 127). Mandisa's mother calls him "Michael" (p. 128).	6
Lunga	Mandisa's second son; father: Lungile	7
Siziwe	Mandisa's daughter and youngest child; father: Dwadwa	7
China	Mandisa's first husband, Mxolisi's father	7
Dwadwa	Mandisa's third husband and father of her youngest child	8
Lwazi	one of Mxolisi's staunch followers	16
Lumko	friend of Mxolisi	18
Mrs Nelson	Mandisa's rich white boss	20
Vuyo	Mandisa's childhood friend who lives with them when they are all moved to Guguletu	29
Sis' Lulu	Vuyo's mother, forced to abandon her home on the same day that she gave birth to twins	29
Khaya	Mandisa's brother	31

NAME(S)	ROLE/DESCRIPTION	PAGE
"Mama"	Mandisa's mother (named on p. 109 as "Kukwana")	31
Skonana	Mandisa's nosy neighbour in modern Guguletu	42
Nono	Mandisa's school friend, later Khaya's girlfriend, then wife	89
Stella	Mandisa's other best childhood friend	89
Makhulu	Mandisa's maternal grandmother, who lives in the bush. Mandisa is sent to live with her when she is 14 to keep her "out of trouble" and away from China (p. 99).	93
Manono	Nono's mother	95
Auntie Funiwe	Mandisa's aunt, her mother's only sister	102
Malume	Mandisa's uncle, her mother's and Funiwe's brother	102
Tooksie	China's cousin/sister, who induces Mandisa into the clan	133
Tooksie's mother	China's acting mother, sister of China's father	134
China's father	(We do not see his name).	135
Zazi and Mzamo	The two teenage boys who look after Mxolisi, shot dead by the police while he watches.	146
Nobulumko	Nono's daughter	155
Lungile	Mandisa's second husband, father of her second child, Lunga	156
Tatomkhulu	Mandisa's grandfather, who teaches her some Zulu history	173
Nongqawuse	Historical figure and prophetess behind cattle-killings in 1856.	175
***Mfundisi* Mananga**	*Mfundisi* = minister, "Reverend". He visits Mandisa and leads her to Mxolisi.	186

2. *Mother to Mother:* Annotations

For study tips on using the annotations, see the introduction, page 8 ("Reading strategies").

Each word or phrase that has been annotated has a line number ("1 **Fullbright scholar**") which refers to the Klett/Bluestreak (Beacon Press) edition of *Mother to Mother*. Running down each edge of the Annotations pages are scales that will help you find the annotation quickly. For example, you are on page v of the Preface and don't know the meaning of "nefarious". By placing your scale (*Zeilometer*) next to the page, you see that that word is on line 26 (measured from the *first* line of text, not including the title, *Author's preface*). When using the *Zeilometer*, blank spaces between paragraphs in the novel count as lines – on page 3, the line starting: *It's been a long, hard, road, …* is line **19** and not 18.

If you keep an eye on the annotations as you read the book, you won't miss the **i** icons that link to the "Additional information about South Africa." And/or you can mark the places in your *Mother to Mother* book, so that when you are revising for your exams, you can pick up these links quickly.

We hope these annotations add to your learning store while you are reading *Mother to Mother*, and wish you all the best in your studies.

Abbreviations used in annotations

abb	abbreviation
adj	adjective
AE	American English
Afr	Afrikaans
BE	British English
esp	especially
fml	formal
idm	idiom
inf	informal
n	noun
off	offensive
old	old-fashioned
opp of	opposite of
pl	plural
SAE	South African English
sb	somebody
sl	slang
sth	something
usu	usually

Preface

PAGE v

1 Fulbright scholar The Fulbright Program finances talented young US American students to study or work abroad – **1 Amy Biehl** For a full account of Biehl's true story and the influence of her death, go to i Amy Biehl, page 58 – **2 Guguletu** township near Cape Town i Guguletu, page 59 – **4 unprecedented** *(adj)* happening for the first time, unique – **6 the country's first truly democratic elections** On Apr 26, 1994, South Africa's first ever truly open, democratic elections took place. – **14 reverse** opposite – **benevolent** [bɪ'nevələnt] positive, wanting to do good – **15 nurturing entity** organization that helps people – **16 Andrew Goodman** was a civil rights activist who was killed in Mississippi, USA in June 1964, most likely by the Klu Klux Klan. The case formed the basis of the well-known movie from 1988, *Mississippi Burning*. More info at: biography.com/people/andrew-goodman – **20 malice** ['mælɪs] evil force – **22 callousness** ['kæləsnəs] extreme cruelty – **24 apartheid** i Apartheid, page 63 – strict, highly controversial and ruthless system of governmentally imposed racial segregation in South Africa (1948–1994). It ended in 1994 when Nelson Mandela became South Africa's first democratically elected president. – **25 to breed** *here:* to cause – **26 nefarious** [nɪ'feəriəs] wicked, evil

PAGE vi

1 warped distorted *(verzerrt)* – **2 overarching** [ˌəʊvə'a:tʃɪŋ] reaching over everything (arch = *Bogen*) – **4 grief-stricken** hit by overwhelming sadness *(voller Trauer)*

Chapter 1: Mandisa's lament

PAGE 1

lament [lə'ment] sad song *(Klagelied)* – **6 to be conceived** to start life in your mother's womb *(empfangen werden)* – **6 downright** ['daʊnraɪt] complete, utter – **8 *shushu*** *(Xhosa)* hot – **12 badge** sign *(Abzeichen, Button)* – **16 reviler** sb who hates sb else – **20 obedient** obeying sb or sth *(gehorsam)*

PAGE 2

10 Langa, Nyanga, Khayelitshka townships in Cape Town i Map of Cape Town, page 60 – **11 township** i (South African) Townships, page 65 – **13 to vagabond** *(sl)* to move around a town or country in a wild way, like a tramp – **27 to hamper** to hinder – **31 compulsion** the feeling that you *have* to do sth *(Zwang)* – **31 to blinker sb** to make sb (partly) blind (to sth)

PAGE 3

2 to stoop to lower – **8 unease** fear – **13 period** *here:* … and that's the end of it – **19 sin** *Sünde* – **19 to do your share of sth** to do sth that it is only fair that you should do – **24 to mind sb** *here:* to look after, take care of – **26 emergency** *Notfall* – **30 to be on the phone** *here:* to have a telephone in your home (that is connected and works) – **to award sb (with sth)** to give sb sth as a reward or prize

PAGE 4

3 You *here:* God

Chapter 2: Mowbray – Wednesday 25 August 1993

PAGE 5

1 awash with full of – **6 What, for the homing morrow!** *(fml, poetic)* I am looking forward to going home tomorrow! 11 **receiver** *Hörer* – **17 sinew** ['sɪnju:] muscle – **19 gloss** shininess

PAGE 6

6 furiously *here:* very fast – **7 frown** [fraʊn] *Stirnrunzeln* – **8 to cock your head** to lift your head slightly when you hear a noise that interests you – **13 briskly** quickly – **20 inert** not moving, dead – **20 log** *(Holz)klotz* – **26 shack** hut, primitive house – **31 to circumsize** *beschneiden* Male initiation in the form of circumcision is practiced among most Xhosa groups (female circumcision is not practised). More info at: sahistory.org.za/people-south-africa/xhosa

PAGE 7

8 cotton wool *Baumwolle* – **9 gratified** grateful, thankful – **18 *bhuti*** *(Xhosa* (approximated pronunciation: [ko:sə]) big brother **i** Xhosa and other South African languages, page 66 – **20 to lurch** to jump suddenly and violently (in shock) – **21 Mxolisi** [məksə'li:si] the name means "peacemaker" in the Xhosa and Zulu languages – **23 genuflected** bent at the knee

PAGE 8

1 to rummage (around) ['rʌmɪdʒ] to look for sth in a small space (a drawer or cupboard) by moving things aside or looking under them – **6 loaf** *Leib* – **10 porridge** oats with water or milk *(Brei)* – **12 'But we miss your hand'...** **i** Black women and work in apartheid South Africa, page 67 – **15 to make it** to survive – **17 hastily** quickly – **24 *mlungu*** *(Xhosa)* white person – **32 elaborate** [ɪ'læbərət] detailed, complicated – **33 mere** [mɪə] simple – **34 charade** [ʃə'rɑ:d] meaningless game – **to heed** to take notice of – **35 to get away with sth** to escape punishment

PAGE 9

13 to bear it to put up with it *(es ertragen)* 16 **smashing** *(inf)* super, great – **17 blue** *(inf)* depressed, sad – **27 to insist on sth** *auf etw bestehen* – **28 to take leave of sb** to say goodbye to sb – **32 to grow fond of sb** to become friends with sb, to like sb

PAGE 10

1 torn in two minds (*here:* feeling happy and sad at the same time) – **2 grieving** very sad – **5 burdensome** heavy, hard, difficult – **10 to urge** !3:°dZ? **sb to do sth** to make or encourage sb to do sth 12 **Flint** *(Feuerstein)* **to tinder** *(Zunder)* i.e. It was easy to light a fire – the riots started immediately: what they were told made them act in a violent way – **14 stark** strong – **22 the bush** wild, natural countryside (*esp* in South Africa or Australia) – **27 always but always** absolutely always – **30 to do the chores** [tʃɔːʳz] to do jobs in the house (e.g. cleaning, washing, etc) – **33 to gad about** *(inf)* to run around having fun, with no serious or constructive purpose to your actions

PAGE 11

to saunter to walk in a happy and confident way – **17 lithe** [laɪð] fit, athletic – **19 millipede** ['mɪlipiːd] *Tausendfüßler*– **20 haste** [heɪst] fast speed – **20 to dawdle** ['dɔːdᵊl] to move slowly, hang around unnecessarily – **22 to swagger** to walk and show off *(angeben)* at the same time; to boast – **31 to dim** to become less bright or happy – **31 pang** sudden feeling of pain or hunger

PAGE 12

7 demeanour [dɪ'miːnə] attitude, mood – **7 to be loath** [ləʊθ] **to do sth** to not want to do sth – **10 to boast of sth** *here:* to have and to be proud of – **11 zest** enthusiastic energy – **16 for good** for ever – **17 tedious** tiresome *(mühsam)* – **18 iffy** *(inf)* doubtful, unreliable – **20 UWC** University of Western Cape (the university in Cape Town that they attend) – **22 to blurt** [blɜːt] to say sth spontaneously (that you often regret later) – **26 to drop sb off** to drive sb somewhere and let them get out somewhere which is on your way *(jdn absetzen, aussteigen lassen)* – **30 detour** ['diːtʊəʳ] *kleiner Umweg* – **31 adamant** ['ædəmənt] determined, unmoving *(fest entschlossen)*

PAGE 13

3 to acquiesce [ˌækwi'es] to back down *(nachgeben)* – **7 to endear sb to sb** to make sb like *(mögen)* sb – **16 were she to tell them** if she told them – **18 to get the vote** to be allowed to vote *(stimmen)* in national elections *(Wahl)* – **21 Strides were being made.** Progress was happening. – **22 franchise** ['fræntʃaɪz] *Wahlrecht* – **23 to take a peek** to take a quick and hidden look – **35 *Manyano*** *(Xhosa)* association *(Verein)* i The *Manyano* movement, page 68

PAGE 14

5 quandary state of confusion – **13 to allude to sth** to refer to sth, mention sth – **17 It would not do to...** It would not be or look good to do sth – **19 unruly** badly behaved, loud – **25 rectory** *Pfarrhaus* – **26 grumble** *Meckern* – **33 toyi-toyi** an energetic and loud (!) way of dancing that South Africans use(d) to protest against injustice; kind of a war dance i The *toyi-toyi*, page 68 – **34 premises** house, building *(Räumlichkeiten)*

PAGE 15

2 *Ngubani lo* Who is he? – **2 *NguMandela*** It is Mandela! i Nelson Mandela, page 68 – **3 *Uyintoni!*** What is he? – **3 *Yinkokheli*** He is our leader! – **6 amorphous** [əˈmɔːfəs] without shape or structure, random – **11 vanguard** [ˈvængɑːd] front of the group (consisting of its leaders) – **14 hoarse** [hɔːs] i.e. they were losing their voices through shouting so much *(heiser)* –16 **to galvanize** [ˈgælvᵊnaɪz] *anspornen* – **19 to hurtle** to move very fast, in an uncontrolled way – **19 abrupt** sudden – **23 to caress** [kəˈres] to touch lovingly and gently – **25 to frolic (frolicked, frolicked)** to dance joyfully – **34 swathe** [sweɪð] long strip (*usu:* of land, *here:* of the letters on the van)

PAGE 16

1 savaged ruined, attacked – **2 erstwhile** [ˈɜːstwaɪl] previous, i.e. they used to be doors (but are now ruined) – **6 debris** [ˈdebriː] **waste matter** remains – **furnace** very hot oven – **7 to loot** to steal (during or soon after a riot or fight)– **10 staunch** [stɔːntʃ] true, loyal (with a hint of physical aggression) – **17 TB** *(abb)* tuberculosis *Tuberkulose*! i Health issues in the townships, page 69 – **22 boer** [bəʊəʳ] old (and slightly pejorative) name for the white Afrikaans people that came from northern Europe and colonised South Africa i The "Boers" (Afrikaners), page 70. i see also Timeline, page 87. – **32 hulk** unnaturally large object, *esp* one that scares you

PAGE 17

1 charred [tʃɑ:d] badly burned – **1 flank** side – **5 to reconnoitre** [rekən'ɔɪtə^r] military word meaning "to meet" – **9 to scavenge** ['skævɪndʒ] to pick up and take what's left over (*usu:* food) (like a hyena or a vulture does) *(Aas fressen)* – **12 intelligence** *here:* military word for "(new) knowledge" – **14 spoils** the goods that are stolen by soldiers when they defeat their enemies – **17 splinter** small piece that has broken off from sth larger – **19 insubstantial** small – **23 NguSobukhwe** Robert Subukwe (1924–1978) Anti-apartheid symbol and hard-line campaigner, he got himself arrested (intentionally) on the day of the Sharpeville massacre, 21 March 1960, and never fully released from jail, dying of cancer whilst under house arrest, aged 53 – **25 to wend your way** to move slowly and probably not in a direct way (**wend** is related to "wind", i.e. not in a straight line) – **27 the pigs** (*inf, off*) slang word for the police that contains hate for them

PAGE 18

5 unrehearsed *ungeprobt*– **7 to take stock and measure** to assess, to observe and sum up – **13 closure** the end of a phase or era – **15 greyish-white building**– **19 fervour** intensity, energy – **19 pitch** tone, sound – **28 but** *here:* only – **32 to opt for sth** to choose sth

PAGE 19

4 to falter to stumble to a stop *(stocken, nachlassen)* – **18 to yank** to pull suddenly and violently – **21 but so lately** just now *(gerade eben)*

Chapter 3: 5.15 pm – Wednesday 25 August 1993

PAGE 20

6 her eyes on stalks i.e. she is very excited – **12 what has come over her** what has happened to make her so excited – **15 Be that as it may...** *Sei's drum*

PAGE 21

18 the war of the Boers See Timeline (1881 and 1900–1902, pages 86/87) 22 **all her own** of her own, i.e. it belongs only to her

PAGE 22

6 grunt noise in your throat which (*here*) shows that Mandisa is not interested *(Grunzen)* – **10 to butt in** *(inf)* to interrupt – **19 flustered** not calm, bothered *(aufgeregt)* – **20 bridge** card game played typically amongst middle-class friends as a social event – **21 colander** [ˈkʌləndəʳ] large sieve *(Sieb, Seiher)* – **28 grate** *Rost* – **28 to betray** to give away *(verraten)*

PAGE 23

9 stupefaction [ˌstjuːpɪˈfækʃᵊn] extreme confusion and surprise – **10 goings on** *(n, inf)* strange or unusual events – **25 to scoot** *(inf)* to move fast – **30 grim-faced** serious, worried – **31 marble** *Murmel*

PAGE 24

1 riots in Soweto Soweto 76, page 71, and timeline, 1976, p. 90 – **6 pandemonium** [ˌpændəˈməʊniəm] loud chaos – **7 disarray** *opp of* order; confusion – **9 The very activity revealed...** *Schon die Tätigkeit verriet, dass ...* – **12 timeously** in good time; sufficiently early *(zeitig)* – **13 intestines** [ɪnˈtestɪns] *Eingeweide* – **15 snatches** *here:* small pieces –17 **to volunteer** *here:* to say, to inform

PAGE 25

5 I ... have had it up to here with ... I am totally fed up/sick of ... – **8 to scuff** to scrape against – **10 to scour** to rub against sth smooth with sth rough *(scheuern)* – **15 volition** freedom to choose or decide for yourself – **19 stint** period of time – **28 piecemeal** in an unplanned, random way – **30 ensconced** sitting comfortably and happily – **32 to scowl at sb** to look aggressively at sb – **34 to arrest** to stop – **34 circulation** *Kreislauf*

PAGE 26

2 sundry various, random– **4 to crumble** to fall apart – **6 mealies** *(sing: mealie) (SAE) Mais, Maiskolben* – **9 samp** *(SAE) Polenta, Maisgrieß* – **11 be-shod foot** with a shoe on it – **19 Saracen** ['særəsən] a type of heavy, armoured tank used by the police in riot situations – **22 lull** pause, temporary break or silence – **31 arid** very dry – **34 but** *here:* only

PAGE 27

2 accomplished *here:* skilful, shown by experience to be good – **7 ...early in 68** **i** Forced removals, p. 74 – **assaulted** [ə'sɔ:ltɪd] attacked – **peddler** ['pedlə^{r}] a person that goes from place to place to sell small objects – **18 congested** full, very densely populated – **shameless pretence stated** i.e. as written above, it is an utter lie – **32 to wade** walk up to your middle in water *(waten)*

PAGE 28

5 Blouvlei township in northern Cape Town – **16 predominantly** mainly – **20 to segregate** to separate. Racial segregation is when black people and white people are not allowed to live in the same neighbourhood. – **26 bleak** *karg* – **26 to hold down** *here:* to support plants, i.e. the growing of food crops – **27 in no uncertain terms** very clearly – **29 to ground** *(SAE)* to grind (to crush into smaller pieces) – **32 to salvage** to save – **34 rubble** useless remains of a building *(Bauschutt)* – **bough** [baʊ] branch of a tree

PAGE 29

1 to fling (flung, flung) *(inf)* to throw – **3 burdensome** making things difficult – **17 periphery** [pə'rɪf^{ə}ri] edge – **19 refuse** [rɪ'fju:z] rubbish, garbage – **to aggravate** ['ægrəveɪt] to make worse – **23 untenable** impossible – **26 rickety** *(inf)* unstable, fragile – **30 to find its lot far from improved** to discover that things have not improved – **31 in the wake of** as a result of

PAGE 30

3 squarely exactly and only –5 **viscious** ['vɪʃəs] extremely cruel, violent – **8 nook** small corner – **12 hereabouts** [ˌhɪərə'baʊts] somewhere near here – **19 to crop up** to happen *(auftauchen)* – **20 to boast** *here:* to have – **34 to flock to somewhere** to go/come somewhere in large numbers – **34 Vuyani Primary School**

PAGE 31

4 out and out completely, utterly – **12 as they ... saw fit** in the way that they thought was right (here used ironically) – **18 to sneak sb in** *jdn hineinschleichen* – **29 hither and thither** *(old)* back and forth *(hin und zurück)* – **30 strewn ... chaff ... winnower** expressions from farming, used figuratively: *gestreut ... Spreu ... Worfschaufel*

PAGE 32

4 to loaf the year away *(inf)* to to spend the year doing nothing – **9 to play truant** to fail to go to school *(Schule schwänzen)* – **13 to accommodate** *unterbringen* – **27 mangy** ['meɪndʒi] *(inf)* thin, dirty, unhealthy – **30 hard to come by** not very frequent (i.e. there aren't many dogs) – **32 to gnaw** [nɔ:] *nagen* – **35 mutt** *(inf)* dog

PAGE 33

1 *vetkoek* *(Afr)* literally means 'fat cake' in Afrikaans: deep-fried bread or pastry – **5 erstwhile** ['ɜ:stwaɪil] former – **7 gossip** *Tratsch* – **13 scope** extent, amount – **18 strain** form, type – **31 whim** [wɪm] mood *(Laune)*

PAGE 34

6 to perish to die – **7 allocation** location, place – **8 could not but** could only – **28 gravelly** like gravel *(Kies)*; rough, raw – **30 to scold** to tell off *(tadeln)*

PAGE 35

the better to see the source so that they could see the source better – **21 rivulet** small river (*here:* of sweat, because of her nerves) – **25 to plunge** [plʌndʒ] **sb into** to push sb down into

PAGE 36

2 to round a bend to turn a corner – **6 humongous** [hju:'mʌngəs] *(inf)* huge – **9 hog** large pig – **20 bewilderment** extreme surprise, confusion – **20 resentment** bitterness *(Groll)* – **29 muffled** suppressed, not spoken out loud

PAGE 37

7 accelerator [ək'seləreɪtə] *Gaspedal* – **9 dome** *Kuppel* – **14 striate** ['stri.eɪt] to make striped shapes – **22 unduly** *here:* very – **26 to mill around** to wander around without aim or purpose

PAGE 38

3 rape *Vergewaltigung* **i** Sexual assault and rape in South Africa, p. 76 – **8 to precipitate** to cause – **17 feasible** realistic, possible – **18 the celestial** things to do with heaven/God – **23 unsavoury** unpleasant, not nice – **30 to buckle** to collapse, bend and almost break – **31 harried** *(von allen Seiten) gedrängt*

PAGE 39

1 rabble chaotic, out of control crowd – **5 to loathe** [ləʊð] to hate – **12 throng** crowd – **15 in the morrow** *(old)* tomorrow, the next day – **20 apprehension** mild fear

Chapter 4: 7.30 pm

PAGE 40

11 variegated ['veərɪgeɪt] took on various other forms and facets *here:* multiplied – **12 to assail** to attack – **14 to desert sb** to leave sb

PAGE 41

2 to account for to explain – **6 disquieting** causing worry – **11 baleful** evil, sinister – **18 to recede** to go away – **24 incongruous** [ɪn'kɒŋgruəs] incompatible – **25 haughty** ['hɔ:ti] arrogant

PAGE 42

1 to brave to endure – **1 veritable** true – **3 bedraggled** [bɪ'drægᵊld] dirty – **4 dishevelled** [dɪ'ʃevᵊld] *(BE)* untidy – **8 womb siblings** children that have the same parents (**womb** [wu:m] = *Mutterschoß, Gebärmutter)* – **24 offending** *here:* causing trouble – **28 to shuffle (around)** to move in a slow and relaxed way *(schlurfen)*

PAGE 43

3 to shamble to walk slowly or a little clumsily – **9 customary** usual – **11 to limp** *hinken* – **13 Trust her to notice ...** It was typical that she noticed ... – **32 duly sobered** totally reasonable in mind, suddenly very serious – **32 solemnity** seriousness

PAGE 44

9 resurgence *Wiederauferstehung* – **26 affliction** (a cause of) pain *(Plage)* – **28 impunity** *Straffreiheit* – **33 to thrive** to grow

PAGE 45

5 tsotsi *(SAE, sl)* township criminal or untrustworthy character – **21 ghastly** terrible, terrifying – **24 gloating** *Schadenfreude* – **26 virtue** *Tugend* – **30 she could have a point** she might be right

PAGE 46

3 meddlesome ['medᵊlsəm] annoying *(aufdringlich, sich in alles einmischend)* – **5 Shebeen Queen** [ʃə'bi:n] woman who hangs around in shebeens and gossips a lot. (A **shebeen** is an originally Irish (Gaelic) word for a place where you get cheap, illegal, usually home-made alcohol. In the poorer parts of the townships, there was a culture surrounding them. They still exist today). **12 pandemonium** *hell* – **17 conspiratorially** [kənˌspɪre'tɔ:riəli] *verschwörerisch* – **27 one settler, one bullet** slogan that some black South Africans adopted as a war cry against white "settlers" (a settler is a person that comes to a country that is already populated and starts living there, as the British and the Afrikaners did in South / southern Africa) i "One settler, one bullet", p. 77 – **29 necklacing** ['neklᵊsɪŋ] *(SAE)* practice of execution i "Necklacing", p. 77

PAGE 47

4 to stab sb to kill or seriously hurt sb by using a knife

Chapter 5

PAGE 48

22 precarious [prɪˈkeəriəs] uncertain, vulnerable *(verwundbar)* – **23 dispersal** spreading out *(Ausbreitung, Zerstreuung)* – **25 to be reeling from sth** to be shaken and shocked by sth

PAGE 49

1 Blouvlei This district no longer exists. It was probably in the southern part of the Cape peninsula (see map on p. 80). – **7 chores** duties in the house – **14 *abelungu* *(Xhosa) pl of umlungo*** white person – **17 toing and froing** [ˌtuːɪŋ.ənd.ˈfreʊɪŋ] *Hin und Her* – **31 straggling** wildly growing – **31** reed *Schilfgras* – **34 *pondok* *(Xhosa)*** shack, hut – **35 scrumptious** [ˈskrʌmpʃəs] tasty

PAGE 50

7 Primus stove camping cooker – **11 singing itself hoarse** *here:* making a loud noise at the beginning but then becoming quiet (**hoarse** !?= *heiser*)

PAGE 51

2 to tease to laugh at sb in a playful way– **10 to strain** *(durch)sieben* – **26 empties** i.e. empty bottles – **29 flush against** right next to, directly beside – **31 sundries** [ˈsʌndriːz] additional small things

PAGE 52

9 to beam to smile widely (i.e. a lot) –19 **to beckon sb** to wave or call out to sb so that they come to you

PAGE 53

4 bent-on-play mind mind only thinking about playing – **5 unfathomable** [ˌʌnˈfæðəməbᵊl] impossible to understand – **6 tikoloshe** *(Afr)* evil African spirit – **6 gold in the mines** i Gold and diamonds in South Africa, p. 78 – **13 to brag** to show off – **30 to embellish** *here: ausschmücken* – **31 dung beetle** *Mistkäfer* – **33 augmentation** increase in size

PAGE 54

10 refuting the unpalatable *here:* refusing to believe the terrible truth – **18 ordeal** suffering – **18 places of their harness** *here:* workplaces where they suffer – **23 uproariously** [ˌʌpˈrɔːriəsli] loudly – **24 peplums** *Schößchen* – **32 inviolability** [ɪnˌvaɪələˈbɪləti] *Unantastbarkeit*

PAGE 55

6 to reiterate [ri'ɪtəreɪt] to repeat – **13 corral** fenced area – **18 evidence-inducing** i.e. the sun is so bright that it convinces you that the nightmare (of having to move) is not real

PAGE 56

9 impediment obstacle – **11 the Sunday sun was stingy as a young widow with a dozen children to feed** – i.e. there is very little time to play (due to the short days) – **13 vicinity** neighbourhood – **22 bloomers** *(inf, old)* pants *(Unterhose)* – **30 to haul** to drag

PAGE 57

9 to persist in doing sth to continue doing sth – **10 stingy** *(inf)* unwilling to spend money – **14 the burning bush, the water-sprouting rock and talking serpants** images miracles in the Bible – **17 to haul** to pull – **17 to jolt sb** to cause sb to move – **21 to smite** (past form: **smote**) to hit – **25 to plummet** to fall – **25 to recoil** [rɪ'kɔɪl] to move back in fear – **30 to emit** to send out – **31 harum-scarum** [ˌheərəm.'skeərəm] *(old)* carelessly wild – **33 to holler** *(inf)* to scream – **35 loath** unwilling

PAGE 58

3 to gasp to breathe heavily – **6 blot** spot – **7 disintegrating** falling to pieces – **8 wobbly** shaking – **13 carpeted** covered 15 **dun-colored** *(AE) mattfarbig* – **15 dimpled** *gekräuselt* – **15 pitted** *narbig* – **16 pimpled** *pickelig*– **16 moat** *Burggraben* – **19 foe** *(old)* enemy– **19 to rake** to search 20 **speck** spot – **24 to venture** ['ventʃə] to risk, dare to go 27 **to hover** *schweben* – **36 willy-nilly** *wohl oder übel*

PAGE 59

2 abandoned empty – **3 to scoop up** to pick up – **9 demeanour** [dɪ'mi:nə] behaviour – **14 mesmerizing** fascinating – **26 lorry** *(BE)* truck – **32 anticipation** [æˌntɪsɪ'peɪʃən] *Erwartung*

PAGE 60

5 prospect *Aussicht* – **7 unceremonious** in a rude and sudden way – **10 veritable** real, true – **10 stampede** [ˌstæm'pi:d] rush, mass panic 13 **lethal** ['li:θəl] deathly – **22 unaccustomed to** not used to – **22 to scour** *here:* scan, search– **29 caterpillars above his eyes** *raupenartige Augenbrauen*

PAGE 61

3 I did not dwell on the oversight *ich bin nicht näher auf ihr Übersehen eingegangen* – **8 furrow that cleaved his brow** *Runzeln, das seine Augenbrauen spaltete* – **9 to gainsay** to contradict – **9 apprehension** worry – **10 clangorous** [ˈklæŋgᵊrəs] *hallend* – **10 stout** strong – **19 summonses** [ˈsʌmənzɪz] *(fml)* an official call or order to a meeting – **20 clamorous** [ˈklæmᵊrəs] **air** air full of noise – **21 to ululate** [ˈjuːljəleɪt] *wehklagen* – **33 to subside** to become less strong

PAGE 62

5 hastily convened quickly organised– **10 wrath** [rɒθ] anger – **11 by and large** all in all – **14 imperceptibly** without anyone noticing – **14 peach turned to plum** the sky turned darker from peach-coloured to plum-coloured – **17 benevolence** [bɪˈnevᵊlənts] *Wohlwollen* – **18 adjournment** [əˈdʒɜːnmənt] stopping sth (*usu*, and *here:* a meeting) to continue some other time – **22 etiolated** [ˈiːtiəleɪtɪd] pale

PAGE 63

3 grumbling complaining – **16 to forgo** *verzichten auf* – **16 tremendous** very great – **18 to supplement** [ˈsʌplɪment] *here:* to support, add to – **23 indecisive** not final, compromised – **23 feeble** weak – **28 to no avail** of no use – **31 postponement** to cancel until a future time *(Verschiebung)*

PAGE 64

6 to leap up fast to jump – **8 to enfold** to completely cover– **14 no dog that romped around with puppies** person who doesn't show affection – **17 frantic** desperate – **29 under siege** [siːdʒ] *im Belagerungszustand* – **32 hushed** quiet 34 **menacing** [ˈmenɪsɪŋ] threatening

PAGE 65

3 vastness great size – **9 to sprout from camouflage uniform** *aus dem Tarnanzug hervorschauend* – **10 anthill** *Ameisenhügel* – **11 eyes peeled back wide** eyes wide open – **21 scuffle** short, sudden fight – **23 ruthless** without pity – **24 to scurry** to move quickly – **26 to salvage** [ˈsælvɪdʒ] to save (for future use) – **28 rust-riddled** *voller Rostlöcher* – **32 to prevail** [prɪˈveɪl] **on sb** to win or succeed over sb, *here:* to manage to persuade sb to do sth for you

PAGE 66

1 to persuade [pəˈsweɪd] to convince – **9 pinafore** [ˈpɪnəfɔː] *Schürze* – **10 unwieldly** large and awkward to carry – **12 *imfecane* fleeing Shaka** the rise of Shaka, an ambitious and sometimes brutal Zulu king, led to massive migration (*emfecane, ca. 1817-1828*) and devastated large areas – **13 to trek** to march – **13 dejected and dispirited** miserable and discouraged – **17 farms taming the sand Flats** *Farmen, die die sandigen Ebenen (für die Landwirtschaft) gefügig machen* – **20 environs** *(pl)* surrounding areas – **21 to tread** [tred] (*past:* **trod**) to walk heavily – **23 to plod** (*past:* **plodded**) to walk slowly – **23 wearied** ['wɪərid] very tired – **27 to prod** *stechen* – **28 bedraggled** wet, dirty, untidy

PAGE 67

4 augmented [ɔ:g'mentɪd] increased – **21 to gad about** *(inf) sich rumtreiben* – **23 consistent** regular, the same – **24 disobedient** [ˌdɪsəʊ'bi:diənt] refusing to follow a command – **25 samp** *Maisgrieß* – **25 to simmer** to cook, boil, have ready to eat – **33 to confide in sb** to trust sb and tell them your secrets

PAGE 68

7 to enfold to attract, to interest – **16 spleen** *Milz* – **23 botheration** trouble, problems – **26 "poor man's liver"** *here:* spleen – **28 to boast of having sth** to have sth you are proud of – **30 offal** ['ɒfəl] *Innereien*

PAGE 69

3 investigation examining a crime or problem – **7 to hum** *summen* – **7 tuneless** unmusical– **12 wild goose chase** *aussichtslose Verfolgung* – **15 snout** mouth and nose part of animals – **28 abomination** [əˌbɒmɪ'neɪʃən] a terrible event

PAGE 70

1 *eMonti* *(Xhosa)* East London (See map on p. 80) – **9** atrocity extremely cruel act – **10 to inflict sth on sb** to do sth bad or cruel to sb – **12 deterrent** [dɪ'terənt] *Abschreckung* – **18 to discharge sb from (hospital)** to allow sb to leave (hospital) – **25 to harrumph** [hə'rʌmpf] to make a sound in your throat that expresses a negative emotion – **26 to dodge** [dɒdʒ] to avoid – **28 to venture** to risk

PAGE 71

1 vagabonding *Herumstrolchen* – **5 to gallivant** ['gælɪvænt] to go out for amusement – **6 sow** [saʊ] female pig – **6 drought** [draʊt] period of time without rain – **10 to writhe** [raɪð] to make large twisting movements with the body – **18 stung to retort** *angestachelt zu kontern* – **33 to dog** to follow, to pursue

PAGE 72

8 dullard *(inf)* stupid person – **18 Bantu Education** i Soweto 76 (and Bantu education), p. 71, and timeline, p. 90: Soweto, June 1976 – **31 sense of unease** feeling of trouble or anxiety *(Gefühl des Unbehagens)*

PAGE 73

1 to contemplate sth to reflect, think seriously about sth – **2 to turn topsy-turvy** to turn upside down – **4 no premonition, no foreboding... no prescience** ['presiənts] no anticipation, no foreshadowing *(keine Vorahnung)* – **17 havoc** ['hævək] chaos – **21 sawdust** *Sägemehl* – **22 to aid** to help – **22 to abet** to encourage to do wrong – **24 deed** act, action *(Tat)* – **25 to emulate** ['emjəleit] to imitate

PAGE 74

20 in all probability most likely – **24 compelled to** forced to or obliged to – **29 nun** *Nonne*

PAGE 75

4 to mete [mi:t] **sth out** to make sb receive cruel or unfair treatment – **5 deduction** financial reduction – **10 as a matter of idiom** *als eine Redewendung* – **13 uncalled for** unnecessary, unjustified – **14 to reprimand** ['reprɪmɑ:nd] *tadeln, zurechtweisen* – **15 ramshackle** ['ræmˌʃækəl] likely to break easily – **26 righteous** morally correct – **28 tangible** real

PAGE 76

7 integrity [ɪn'tegrəti] the quality of having strong moral principles – **10 erstwhile** *(fml)* previous – **20 impunity** *Straffreiheit* – **30 to gag** *(inf)* *würgen*

PAGE 77

1 to smoulder to burn slowly without flame – **6 marrow-chilling** shocking *(durch Mark und Bein gehend)* – **9 to jostle** ['dʒɒsəl] *drängeln* – **11 THE NECKLACE** i "Necklacing", p. 77 – **19 gruesome** ['gru:səm] horrible, cruel – **19 apparel** [ə'pærəl] *(fml)* outward appearance – **20 to condemn** to criticise as morally wrong – **28 to garland** *bekränzen, einen Kranz umhängen* – **34 palatable** pleasant, enjoyable

PAGE 78

3 at the instigation of foreign meddlers *durch die Aktion von fremden Eindringlingen*

Chapter 6: 4 am – Thursday 28 August 1993

PAGE 79

5 nerve-racked causing great anxiety or nervousness – **5 sullen** bad-tempered – **7 taper** *Wachskerze* – **9 to waft** [wɒft] *wabern* – **11 to cavort** [kəˈvɔːt] to move around in a playful way – **22 recess** [ˈriːses] *Nische*

PAGE 80

5 to fret to worry – **5 to toss and turn** to move around in bed, unable to sleep – **8 to sap** (sb's strength) to make sb weaker – **14 muffled** silent *(gedämpft)* – **18 surreptitious** [ˌsʌrəpˈtɪʃəs] done secretly and quickly – **21 car-hijacking** stealing a car – **30 lest** *(fml)* in case

PAGE 81

1 to be fraught [frɔːt] **with sth** filled with sth unpleasant – **4 to loosen some tongues** to make sb speak – **7 suffocating** [ˈsʌfəkeɪtɪŋ] making it difficult to breathe – **8 lull** quiet period between times of activity – **8 onslaught of hail** time when the hail *(Hagel)* comes – **occurrence** *Aufkommen, Vorkommen, Ereignis* – **23 anathema** sth that is strongly disliked – **25 constant rider** *Standardspruch* – **32 clambering** climbing – **32 to vacate** to leave empty

PAGE 82

3 barrage [ˈbærɑːdʒ] *Trommelfeuer (Schläge an die Tür)* – **9 police raid** police violently searching the house – **12 to disguise** [dɪsˈɡaɪz] **as** to hide one's identity by changing one's appearance – **13 solace** [ˈsɒləs] help and comfort when feeling worried – **17 commotion** uproar *(Aufruhr)* – **25 resumption** restart after an interruption – **26 ferocious** [fəˈrəʊʃəs] wild and fierce – **31 to rake** *here:* to look closely – **32 reluctant** *here: zurückhaltend* – **33 galore** in large amounts

PAGE 83

7 to bellow to shout – **17 to scoop** to pick up quickly – **18 to wag a stern finger at sb** *jdm mit dem strengen Finger drohen* – **30 agitated beams** unsteady lines of light (probably from the policemen's torches)

PAGE 84

7 erratic [ɪˈrætɪk] moving irregularly – **8 epaulette** decoration worn on the shoulder of a uniform – **16 Biko** i See timeline on page 90 – **28 unceremoniously** done in a rude or informal way – **29 to brandish** to wave – **31 to skitter** *wegrollen*

PAGE 85

5 to grope to search, to feel for sth – **11 din** loud noise – **11 dye** *here:* to fill – **14 to reverberate** *widerhallen* – **16 to staple** *klammern* – **21 mercifully** thankfully *(Gott sei dank)* – **31 snarl** fierce animal sound (e.g. a dog) – **32 bray** the noise made by a donkey

PAGE 86

9 sting burning pain – **12 girth** *Körperumfang* – **12 incongruous** unsuitable – **15 elongated** ['i:lɒŋgeɪtɪd] longer and thinner than usual – **16 to feint** *here:* to move – **16 gaily frolic** behave in a happy way – **17 vantage** ['vɑ:tɪdʒ] point of view – **25 meticulous** [mə'tɪkjəlᵊs] very accurate – **29 rafter** parts of the roof – **34 from scratch** all over again, from nothing

PAGE 87

17 to be hurtled to be thrown violently and fast – **17 headlong** *kopfüber*

Chapter 7

PAGE 88

1 i Teenage pregnancy, p. 79 – **24 to unravel** *(idm)* to go wrong – **26** to bargain for *here*: to expect

PAGE 89

1 moon time *(idm, SAE)* menstruation – **4 reprieve** escape from a bad situation – **4 ennui** ['ɑ̃nwiː] boredom – **10 customary** usual, traditional – **11 to converge** to meet – **19 loner** person who likes to do things without others – **23 halcyon** ['hælsiən] **days** very happy period in the past – **29 a fond fancy** *ein naiver, schwacher Versuch* – **29 feeble** weak – **30 yearning** ['jɜːnɪŋ] strong feeling of wishing for sth

PAGE 90

7 perpetual continuing forever – **9 frail** weak, unhealthy – **15 bustling** full of busy activity – **26 braggart** show-off – **33 horse-racing card** ticket used for betting on a horse

PAGE 91

8 meddlesome interfering – **21 astonishment** [ə'stɒnɪʃmənt] extreme surprise – **23 clot** *(inf)* silly person

PAGE 92

2 to pull sb's leg *jdn auf den Arm nehmen* – **9 from the word go** from the start – **12 litany** ['lɪtəni] long list of unpleasant things – **18 startling** surprising, sometimes worrying – **18 revelation** *Enthüllung* – **22 imminent** ['ɪmɪnənt] likely to happen very soon – **23 subdued** quiet, sad – **29 to plunge** to fall down, to drop

PAGE 93

1 to lurk *lauern* – **4 venom** ['venəm] poison – **7 addled** confused – **21 to disperse** to spread across a large area

PAGE 94

21 to go berserk [bə'zɜːk] *(inf)* to become extremely angry – **23 to have a stomach** *(SAE, inf)* to be pregnant – **35 unspoilt** untouched

PAGE 95

25 botched *(inf)* a job done badly and unprofessionally – **25 abortion** [əˈbɔːʃən] *Abtreibung* – **26 scarce** [skeəs] rare – **26 to procure** [prəˈkjʊə] to get, find – **30 hem** *Saum (eines Kleidungsstückes)*

PAGE 96

11 penetration *Eindringen* – **15 to suspect** to think that sb has committed a crime or done sth wrong – **22 to amount to obscenities** to add up to (sexually) disgusting words – **28 hoe** *(inf) Gartenhacke* – **31 to take offence** to feel insulted

PAGE 97

2 to paper over sth to cover sth up 6 **chagrin** [ˈʃægrɪn]– **13 to retaliate** [rɪˈtælieɪt] *rächen, vergelten*

PAGE 98

2 to scold to speak to sb angrily – **4 to budge** *here:* to change your mind – **10 untoward** unexpected, unpleasant – **14 stand-off** conflict – **27 to derange** to make sb go mad – **30 Gungululu** is about 1,200 kilometres away from Cape Town, in the Eastern Cape. The nearest city is East London, about 170 kilometres (2 hours) away to the south. See map on p. 80.

PAGE 99

19 Gungululu The author, Sindiwe Magona, was born in the village of Gungululu in 1943. i Gungululu: rural South Africa, p. 80 – **23 welt** *Abdruck der Schlafmatte auf der Haut* – **24 rondavel** [rɒnˈdævəl] *(SAE)* round building with roof made of straw – **27 petulant** [ˈpetjələnt] stubborn, moody (because it doesn't want to go away) – **31 thatch** [θætʃ] straw roof

PAGE 100

6 to suffice [səˈfaɪs] to be enough – **12 to hem** *einrahmen, säumen* – **16 fervent** strong, passionate – **18 to smart** to hurt – **23 unbearable** too painful or unpleasant to experience – **27 ministrations** *(pl)* acts of helping or taking care of people

PAGE 101

1 absence the condition of not being present – **5 forsaken** left behind – **7 heron** ['herən] *Fischreiher* – **18 inattentive** not paying attention to sth – **26 wearisome** ['wiərɪsᵊm] exhausting, boring – **26 tedious** ['ti:diəs] tiring, boring – **29 wont** [wəʊnt] *(old) Gewohnheit* – **30 mending** repairs – **33 pinafore** *Schürze*

PAGE 102

5 exclamation [eksklə'meɪʃᵊn] *Ausruf* – **8 deluge** flood – **25 thrust** pushed – **30 solemn** ['sɒləm] serious – **34 squiggle** *Schnörkel* – **35 to scrunch one's face** *das Gesicht verziehen*

PAGE 103

2 'It would not have mattered two hoots' *danach hätte kein Hahn geschriehen* – **5 to divine** [dɪ'vaɪn] to prophesy, to predict – **18 musings** dreams

PAGE 104

3 to sag to drop – **6 to course down** to run down – **9 heartfelt** strongly felt and honest – **17 to plunge into oblivion** to step into the unconsciousness of deep sleep – **29 bouts of doubts** *wiederkehrende Zweifel* – **33 salvation** way of being saved from danger

PAGE 105

3 ceaselessly endlessly – **6 to scour** [skaʊə] to scrub clean – **11 possessed** *besessen* – **13 serrated** *gezackt* – **24 querulously** ['kwerʊləsli] with a high voice *(quengelig)* – **28 diurnal** [ˌdai'ɜ:nᵊl] happening during daytime – **34 motley** random, untidy

PAGE 106

8 impatience when you cannot wait for sth to happen *(Ungeduld)* – **10 rabble** disorderly crowd – **27 ragged-edged** ['rægɪd] *mit scharf zerklüftetem Rand* – **29 exceedingly** [ɪk'si:dɪŋgli] very – **31 bewildered** confused and uncertain

PAGE 107

1 dud *(inf)* useless person – **4 to bring up the rear** to be at the back of a group which is going somewhere – **7 parched** bone-dry and thirsty – **9 raucous** *rau, heiser* – **17 dismissed** [dɪ'smɪst] ordered or allowed to leave – **20 ridge** long narrow row of hills – **21 dillying and dallying** *(inf) Trödeln, Herumbummeln* – **26 to lend wings** *(fig)* to inspire – **31 snuff** tobacco for sniffing up into the nose – **34 to snatch** to grab suddenly – **35 Baas** is an Afrikaans word that translates as "master" or "boss". It was usually used by black unskilled workers to address their white bosses and has become widely symbolic of the racial oppression of the apartheid regime. In the apartheid era, many black people who did not refer to their employers as "baas" faced physical violence. Fortunately the use of the word is dying out, but it is taking a long time.

PAGE 108

11 there was a lump in my throat i.e. I felt angry – **12 to pluck** to pull at sth in order to remove it – **15 ill-treated** treated badly – **19 marred** spoiled – **23 slanted eyes** *schiefe Augen*– **24 to comb** *kämmen* – **25 uncomplementary** [ʌnˌkɒmplɪ'menᵊri] not attractive– **34 hillock** small hill

PAGE 109

1 down-tapped *nach unten klopfen* – **11 impenetrable** [ɪm'penɪtrəbᵊl] impossible to see through – **13 unmitigated** [ʌn'mɪtɪgeɪtɪd] complete (often describing sth bad) – **17 complexion** colour of the skin on a person's face– **24 to bear (***past:* **borne) sth out** to support the truth – **29 to discern** [dɪ'sɜːn] to recognise, see – **32 veil** [veɪl] *Schleier* – **33 to occlude** to hide

PAGE 110

10 to grope for to search for – **12 laced with apprehension** filled with worry – **16 strident** loud, unpleasant, angry – **23 agitated** nervous from worry – **25 irate** very angry – **26 rags** *(pl)* old clothes – **28 lead** [led] *Blei* – **29 to lay bare** to reveal – **32 gruelling** *(BE)* ['grʊəlɪŋ] exhausting – **32 interrogation** intense questioning – **32 frantic and futile** desperate and useless – **32 denial** [dɪ'naɪəl] *Leugnen*

PAGE 111

4 unambiguous [ˌʌnæm'bɪgjuəs] expressed in a very clear way – **15 to resume** to start again – **22 lay preacher** *Laienprediger*

PAGE 112

6 to utter to say – **8 to deceive** [dɪ'si:v] *täuschen* – **17 to knead** [ni:d] *kneten* – **23 midwife** *Hebamme* – **24 parchment** *Pergament*

PAGE 113

4 tentative careful and uncertain – **15 torrent** waterfall, large amount of water – **16 wailing** long, loud cry – **16 to keen** *(old/SAE)* to make a loud, high sound, like a scream, *esp* when sb has died – **25 to rejoice** [rɪ'dʒɔɪs] to feel or show great happiness

PAGE 114

8 solicitation attention, help – **9 admonition** mixture of advice and warning – **9 consoled** made to feel better *(getröstet)* – **13 tadpole** *Kaulquappe* – **20 to envisage** [ɪn'vɪzɪdʒ] to imagine or expect

Chapter 8

PAGE 115

3 serpent snake – **4** puffadder a poisonous snake *(Puffotter)* – **8 to come unbid** to come without an invitation – **11 agonising** torturing – **14 thoroughfare** ['θʌrəfeə] public road or street – **17 taciturn** ['tæsɪtɜːn] quiet (*usu* because of a bad mood)

PAGE 116

8 cattle i Cattle in southern Africa, p. 81 – **10 Transkei** ['trænskaɪ] old name for a region in Eastern Cape, South Africa i See map on p. 80 – **12 loquacious** [lə'kweɪʃəs] talkative – **12 to rant** to complain loudly and at length – **19 bangle** bracelet – **21 cavernous** ['kævənəs] spacious – **22 to hunch over** to lean over – **25 kitty corner** *(inf, AE) schräg gegenüber* – **31 palpable** ['pælpəbᵊl] – *greifbar* –34 **brooding** gloomy, making you feel uncomfortable or worried

PAGE 117

6 arduous difficult – **11** ludicrous stupid or unreasonable – **19 to reckon** to think – **19 interminable** endless – **25 to incense** to enrage *(erzürnen)* – **30 underhanded** *hinterhältig* – **30 unsavoury** *(BE) here:* morally offensive

PAGE 118

2 to be confined to to be locked up – **4 forlorn** [fə'lɔːn] lonely and desperate – **14 notwithstanding** despite – **15 precaution** action that is done to prevent sth dangerous from happening – **28 to make oneself scarce** to stay away

PAGE 119

6 fortnight two weeks – **20 anaesthetized** [ə'niːsθətaɪzd] *betäubt* – **23 to stir** to move

PAGE 120

16 window pane *Fensterscheibe* – **16 to beckon** to wave in order to tell sb to come nearer

PAGE 121

11 grating *grell* – **16 stride** long step – **20 cloying** ['klɔɪɪŋ] too sweet and therefore unpleasant – **27 carved** *geschnitzt* – **31 belatedly** [bɪ'leɪtɪdli] too late

PAGE 122

4 to grapple with to try to deal with, to struggle with – **5 to reel** *taumeln* – **12 slit** straight narrow opening – **14 imperceptible** [ˌɪmpəˈseptəbᵊl] unable to be noticed – **26 aghast** [əˈgɑːst] totally shocked, surprised

PAGE 123

2 distended large, round and swollen – **5 not by one jot** not even by a small amount – **19 to plump / plumping** to make plump, i.e. fat and heavy (with the tears) – **33 vain** [veɪn] *eitel* – **34 cur** [kɜː] *Köter; hier: Hundesohn*

PAGE 124

2 ear drum *Trommelfell* – **6 incensed** [ɪnˈsenst] extremely angry – **12 maddening** making sb angry – **22 to saunter** [ˈsɔːntə] **away** to walk in a slow and relaxed way – **26 turgid** [ˈtɜːdʒɪd] swollen, *here: dickflüssig* – **29 dreaded** feared, frightening

PAGE 125

4 indefinable [ˌɪndɪˈfaɪnəbᵊl] impossible to clearly explain – **7 demeanour** [dɪˈmiːnə] behaviour – **8 preliminary** coming before a more important action – **18 peculiarity** [pɪˌkjuːliˈærəti] the quality of being strange or unusual – **31 eyes on stalks** eyes wide open with surprise

PAGE 126

8 to spare *verschonen* – **14 residual** remaining after most of sth has gone – **17 weary** very tired – **33 paraphernalia** [ˌpærefəˈneɪliə] collection of small objects (most of them useless) – **35 to circumcise** *beschneiden*

PAGE 127

7 to demean to humiliate – **12 afoot** happening – **13 to flout** [flaʊt] to refuse to respect or obey – **24 puckered lips** *geschürzte Lippen* – **25 to ooze** when a thick liquid flows from a place slowly – **aureole** [ɔːriəʊl] *here: Brustwarze* – **33 ablated** *here:* disappeared

PAGE 128

9 henceforth [ˌhensˈfɔːθ] from this time – **28 tardy** slow – **29 chagrin** disappointment

PAGE 129

8 out of wedlock *außerehelich* – **9 unwed** not married – **20 lily-livered** cowardly, not brave – **29 phlegm** [flem] *Schleim* – **31 to dredge** [dredʒ] *ausbaggern*

PAGE 130

5 bleak not hopeful – **11 patch** of nettles *Nesselbeet* – **12 as though I had sprouted horns** *als wären mir Hörner gewachsen* – **18 racket** noise, turmoil – **33 to prevaricate** [prɪ'værɪkeɪt] to avoid telling the truth (by telling "half-truths")

PAGE 131

2 unstated not mentioned – **12 custom** habit or tradition – **19 to vow** [vaʊ] *schwören* – **21 by mutual agreement** i.e. both parties wanted it his way– **23 *lobola*** *(Xhosa)* money (or, originally cattle) which the man's family gives to the woman's just before the wedding *(Brautpreis)*. **i** Marriage rituals and customs, p. 82 – **27 dowry** ['daʊri] *Mitgift*

PAGE 132

18 to unglue to cause to move –22 **all and sundry** *(inf)* everyone – **22 plain as day** *(idm)* very clearly – **26 packed to suffocation** *here*: packed extremely full

PAGE 133

13 ululant ['ju:ljələnt] long, howling sound (*here*: to welcome Mandisa) – **20 squat** very small– **30 the evening is a blur** [blɜ:] i.e. I can't remember anything about it – **33 to be fully versed in sth** to know a lot about sth – **33 pertaining to sth** related to sth; having a connection with sth – **34 ruination** destruction

PAGE 134

1 to decree to officially order sth to happen – **13 headkerchief** ['hedkətʃi:f] *Kopftuch* – **24 veritable** real – **24 bean pole** *Bohnenstange* – **31 unpalatable** [ʌn'pælətəbᵊl] unpleasant or shocking

PAGE 135

2 hitherto [ˌhɪðə'tu:] up to now – **3 notwithstanding** [ˌnɒtwɪθ'stændɪŋ] in spite of – **28 revelation** *Enthüllung* – **28 Children are named...** **i** Marriage rituals and customs – **32 strife** violent or angry disagreement

PAGE 136

2 to harbour to have in mind – **8 to smart** to hurt (*here:* because of tears that are coming) – **11 fraught** stressful, tense – **14 to baptise** *taufen* – **20 The negotiations...** **i** Marriage rituals and customs, p. 82 – **21 recrimination** [rɪˌkrɪmɪ'neɪʃᵊn] *Schuldzuweisung* – **23 cleaving** dividing – **24 enmity** feeling of hate and of being enemies – **32** insistence [in'sɪstᵊnts] *Beharren*

PAGE 137

7 snide *höhnisch* – **7 induction** introduction (*here:* into China's family) – **11 doeks** *(Afr; SAE)* square of cloth worn mainly by African women to cover the head, *esp* to indicate married status – **13 vat** large vessel or tank used for storing alcoholic drink – **24 gruelling** exhausting – **25 perpetually** [pə'petʃuəli] continually; occurring repeatedly over a long time

PAGE 138

14 pail bucket – **18 to quench** to satisfy a need – **20 treacherous** ['tretʃᵊrəs] betraying – **27 slake** to satisfy a feeling of wanting sth – **35 log** *Holzklotz*

PAGE 139

26 to resent sth [rɪ'zent] to feel angry or annoyed about sth because one thinks it is unfair or insulting – **31 to fling (flung, flung)** *here:* to throw the words at sb – **35 agape** [ə'geɪp] wide open

PAGE 140

3 gait *(fml)* a particular way of walking – **4 beautifully attired** *(fml)* wearing beautiful clothes – **10 lot** fate; *here:* the quality of sb's life – **15 to abbreviate** [ə'bri:vieɪt] to shorten

PAGE 141

4 chores housework – **6 deacon** *(AE)* ['di:kən] an ordinary person without religious training who helps with the running and organization of a church – **7 hefty** *(inf)* large – **15 prowess** ['praʊɪs] great ability or skill –28 ***Molokazana*** *(Xhosa)* "daughter-in-law" – **29 my married-woman name** **i** Marriage rituals and customs, p. 82

PAGE 142

2 to wield to have and use – **10 to roam about** *herumtreiben* – **18 to scrimp** *(inf)* to be very careful with money – **18 odds and ends** *here:* things nobody else wanted – **19 scraps** *here:* (food) leftovers – **23 formula** *Muttermilchersatz* – **33 interminable** endless – **35 scarce** rare, in short supply

PAGE 143

8 sieve [sɪv] *Sieb* – **8 to defer** to put off to another time – **11 to up** *here:* to get up – **17 to fathom** ['fæðəm] to understand

PAGE 144

13 in earnest seriously – **14 pass offence** During apartheid, blacks had to carry a pass with them at all times (whites didn't). i Forced moves : *"Natives (Abolition of Passes and Co-ordination of Documents) Act"* – **16 ward** room where patients recuperate in hospital. Notice that it is "wards for black people". Under apartheid, blacks and whites had separate wards – **17 vicinity** local area

PAGE 145

2 distraught [dɪ'strɔ:t] extremely worried – **14 to be a square peg in a round hole** *(idm) völlig fehl am Platz sein* – **19 sapling** young tree – **31 old geezer** *(inf) alter Knacker*

PAGE 146

7 peek-a-boo ['pi:kəbu:] *Guckguck-Spiel* – **10 top** *Kreisel* – **15 to dote on sb** to love and adore sb – **18 to spin yarns** to tell tales – **23 a nuisance** ['nju:sᵊns] annoying or troublesome – **25 for the umpteenth** ['ʌmpti:nθ] **time** for the "millionth" time (i.e. it has happened again and again) – **29 daring and defiance** *Wagemut und Ungehorsam* – **30 stance** position – **31 paroxysm(s)** ['pærəksɪzᵊm] **of laughter** *Lachanfall*

PAGE 147

3 to froth [frɒθ] *schäumen* – **13 caustic** ['kɔ:stɪk] bitter and sarcastic – **18 mute** silent – **18 grief-tinged** full of sorrow and unhappiness – **21 adjacent** [ə'dʒeɪsᵊnt] lying next to – **31 epaulette** *Schulterklappe (einer Uniform)*

PAGE 148

8 chubby *(inf) pausbackig* – **9 as swift as a wink** very quickly – **21 vacant** empty – **27 wailing** crying (because of pain or sadness)

PAGE 149

8 to weld *verschweißen* – **10 well** a shaft made in the earth to obtain water – **26 leaky** when water drips through a crack or hole *(undicht)* – **32 more often than not** most of the time – **35 antic** ['æntɪk] *Fratze* – **35 fancy** idea

PAGE 150

6 to scorch to burn – **8 nostril** the opening in the nose through which one breathes – **12 a host of** a large number of – **21 amiss** wrong

PAGE 151

13 tentative uncertain or hesitating –23 **to purr** *schnurren* – **26 erratic** unpredictable, random – **27 to coax** to persuade sb gently to do sth – **28 discernible** [dɪ'sɜːnəbᵊl] recognisable – **29 semblance** appearance

PAGE 152

10 botched *(inf) verpfuscht, stümperhaft* – **20 irrevocably** [ɪ'revəkəbli] unchangeably – **23 to plunge sb back somewhere** to force sb to think of sth – **34 affliction** illness, medical condition – **35 sangoma** southern African faith-healer i Sangomas, p. 83

PAGE 153

15 intent [ɪn'tent] determined, purposeful – **15 deliberate** [dɪ'lɪbᵊrət] *here:* focussed – **26 agitation** [ædʒi'teɪʃᵊn] *here:* shaking movement – **35 eerie** ['ɪəri] weird, causing fear

PAGE 154

1 disembodied separated from the body – **5** to send sb to the **gallows** to send a criminal to be hanged or otherwise punished by death – **9 wrath** [rɒθ] violent anger – **19 resentment** *Abneigung, Groll*

PAGE 155

10 doek *(SAE)* a square of cloth worn mainly by South African women to cover the head, *esp* to indicate married status – **11 pout** *Schmollen* – **30 blatant** ['bleɪtənt] very obvious

PAGE 156

3 to rend (rent, rent) *(old) here:* to take (violently) – **8 the inverse** the opposite – **8 equation** formula – **28 squat** wide, almost fat – **35 faggot** *here: Reisig*

PAGE 158

2 to suckle to breastfeed a baby – **11 napkin** *here:* nappies *(Windel(n))* – **12 to scold** to criticise or blame – **12 to no avail** without any success or effect – **20 lo and behold** *siehe da!* – **20 acidy stench** – sharp and sour smell

PAGE 159

7 to gnaw [nɔ:] to bite or chew – **7 pit** *Grube* – **14 hooded** *(mit einer Kapuze) vermummt* – **27 comrades** the Young Lions was the name given to the junior branch of the ANC. See note on p. 77 "Necklacing" – **29 necklacing** i "Necklacing", p. 77 – **35 to anoint** to smear or cover with ointment or oil

PAGE 160

5 demonstrative *here:* emotional (showing feelings openly) – **17 searing** ['sɪrɪŋ] ätzend – **21 to bring sth to fruition** to turn into reality – **21 invariably** [in'veəriəbli] always, without any change – **23 corporal punishment** physical punishment (see **caning**) – **24 caning** hitting a child at school with a cane *(Rohrstock)* as a punishment – **25 to cajole** [kə'dʒəʊl] to persuade sb to do sth by pleasant talk

PAGE 161

10 to take chars *(old)* to clean and tidy a house or office for payment – **30 to despise** *verachten* – **31 devious** dishonest in a mean way

PAGE 162

1 from time immemorial almost forever *(seit fast immer)* – **14 decent** ['di:sənt] socially acceptable

Chapter 9: 6am – Thursday 26 August

PAGE 164

6 unsettling causing worry – **14 courteous** ['kɜ:tiəs] polite, showing respect – **17 to gush** [gʌʃ] *hervorströmen*

PAGE 165

5 to be in a huff *(inf)* to be offended– **12 starched** *gestärkt* – **15 to not stoop to sb's level** to not act like sb who you think is morally below you – **16 crude** rude and offensive

PAGE 166

9 shiner *(inf)* black eye – **13 wreck** sth in a very bad condition – **14 to sport** *here:* to suffer – **26 to wheeze** to breathe with difficulty, making a hissing sound – **28 varicose veins** *(pl) Krampfadern* – **30 perpetually** always, lasting for a long time – **33 amicable** ['æmɪkəbəl] friendly

PAGE 167

5 to send sb packing *(inf)* to cause sb to leave – **22 drying ditch** *ausgetrockneter Graben* – **27 cooing** soft sound made by birds, *esp* doves – **27 trill** a series of quickly repeated high notes sung by a bird – **30 protruding** [prə'tru:dɪŋ] sticking out (from sth) – **34 to stem the cry** to stop her crying out

PAGE 168

6 piping hot very hot – **8 to scald** to hurt with hot liquid – **19 fitful** irregular; stopping and starting again – **23 to whip sb around** *here:* to make sb turn around quickly – **31 anxiety** [æŋ'zaɪəti] worry – **33 rag** piece of old cloth

PAGE 169

2 to be at a loss to be unsure – **24 cagey** ['keɪdʒi] *(inf)* secretive – **25 reluctance** [rɪ'lʌktəns] *Widerstreben*

PAGE 170

7 Hades ['heɪdi:z] hell – **19 to amble** to walk without hurrying – **32 to well up** *aufwallen* – **32 to mingle** to mix

PAGE 171

1 shred *Fetzen* – **1 miraculously** [mɪ'rækjələsli] caused by a fortunate happening which has no natural explanation – **14 lid** eyelid *(das Lid)* – **15 lash** eyelash *(die Wimper)* – **15 to fuse** to melt or stick together tight – **19 valiant** ['væliənt] brave – **20 to pry (pried, pried)** *here: herumspitzeln* – **33 to desert sb** [dɪ'zɜ:t] to leave sb (when you should really stay) – **34 to decipher** [dɪ'saɪfə] to uncover the meaning *(entziffern)*

PAGE 172

13 guile [gaɪl] the ability to deceive or trick people – **19 query** ['kwiəri] question – **28 *shushu* *(Xhosa)*** sunny – **30 thorny bush** *Dornenbush* (a thorny bush is difficult, complicated and somewhat dangerous...)

Chapter 10

PAGE 173

8 long swigs *(inf) lange Züge oder Schlucke* – **9 quarrel** argument or disagreement – **14 disdainful** [dɪs'deɪnfᵊl] *verächtlich* – **15 flick** a quick, sharp movement – **26 lean** *hager*

PAGE 174

9 Mzukulwana Xhosa word for "grandchild" – **12 displeasure** [dɪ'spleʒə] disapproval – **13 scorn** *Hohn* – **15 to gulp down** *hinunterschlingen* – **16 to rinse** to use water to clean dirt from sth

PAGE 175

17 to venture to risk – **26 Nongqawuse** i See Timeline, p. 86 of this book – **34 superstitious** [ˌsu:pə'stɪʃəs] *abergläubisch*

PAGE 176

11 tiller *here probably:* farmer – **13 fallacious** [fə'leɪʃəs] false – **17 sacrifice** ['sækrɪfaɪs] *Opfer*

PAGE 177

4 trifle *(fml)* a matter or object of little value or importance – **6 gourd** large fruit with hard skin, which is dried and used as a container for food – **16 absentminded** forgetful *(geistesabwesend)* – **22 implement** ['ɪmplɪmənt] a tool or instrument – **23 adornment** [ə'dɔ:nmənt] decorations, jewellery – **29 to dispel** to get rid of – **doubt** *Zweifel*

PAGE 178

6 revered [rɪ'vɪəd] very much respected – **14 verbal mastication** *verbales Durchkauen* – **16 to spur** to encourage – **23 seer** *Seher* – **28 the button without a hole** *here:* money – **29 diligently** ['dɪlɪdʒᵊntli] done in a careful and detailed way – **29 hoeing and weeding** *Hacken und Jäten*

PAGE 179

3 thriving very healthy – **15 untoward** unexpected and unpleasant – **29 preordained** [ˌpri:ɔ:'deɪnd] fixed *(vorherbestimmt)*

PAGE 180

6 cob where the corn is on the plant *(Kolben)* – **9 black-sheened** shining black

PAGE 181

4 first intimation *erste Andeutung* – **6 bile** very angry feelings – **11 apprehension** [ˌæprɪˈhenʃᵊn] worry – **30 veld** *(SAE)* flat open land – **30 vulture** [ˈvʌltʃə] *Geier*

PAGE 182

4 enticement [ɪnˈtaɪsmənt] *Verlockung* – **9 Good Volume** i.e. the Bible – **31 to prophesy** [ˈprɒfəsaɪ] to predict – **34 impi** [ˈɪmpi] *(Zulu)* armed group of men

PAGE 183

5 to unleash [ʌnˈliːʃ] to suddenly release – **12 indefensible** [ɪndɪˈfensəbᵊl] cannot be defended, i.e. too bad to be protected from criticism – **18 slumber** deep sleep – **20 loath to do sth** unwilling to do sth

PAGE 184

15 to impart to give (information or news) – **16 to reel** *herumwirbeln* – **35 inveigled** [ɪnˈveɪgᵊld] **itself into (my voice)** achieve control over (my voice)

PAGE 185

5 to clutch at sth to hold on to sth (in a panic) – **7 accommodating** *beherbergend, anschmiegsam* – **9 jellified** turned to jelly, weak– **32 dog-collar** *(inf) weißer Kragen (mit schwarzem Hemd) eines Geistlichen*

PAGE 186

9 *Mfundisi* *(Xhosa)* Reverend (the word put before the name of a vicar or priest that shows respect) i The Christian Church and apartheid, p. 84 – **12 flock** parish community *(Gemeinde)* – **13 staunch** [stɔːnʃ] committed, loyal – **17 pulpit** *Kanzel*

PAGE 187

1 ceaselessly [ˈsiːsləsli] without stopping – **2 to swivel** to turn – **11 to divulge** to tell (a secret)

PAGE 188

7 to thud to land with a loud but dull noise – **14 frown** *Stirnrunzeln*

PAGE 189

22 gear *Gang (Auto)* – **29 to saunter** to walk slowly

PAGE 190

9 astounded extremely surprised – **11 sinister** [ˈsɪnɪstə] dark, threatening, suggesting evil – **18 ludicrous** [ˈluːdɪkrəs] stupid or unreasonable – **33 clamouring in my mind** tumbling around, demanding my attention

PAGE 191

11 to chide *rügen* – **11 to disobey** [ˌdɪsəˈbeɪ] to not follow orders

PAGE 192

1 reverie [ˈrevᵊri] pleasant, dreamlike thoughts – **6 frantically** [ˈfræntɪkᵊli] desperately, in a very hurried way – **11 clammy** damp and sticky – **25 crouched** *gebückt* – **27 balaclava** woolen hat that covers most of your head, neck and face

PAGE 193

8 stoep *(SAE)* [stuːp] steps and/or area in front of a house (*BE*: porch)– **26 to perch** to sit on the edge of sth – **27 to yank** *(inf)* to pull suddenly and sharply – **32 purr** *Schnurren*

PAGE 194

25 unacknowledged [ˌʌnəkˈnɒlɪdʒd] unadmitted, unspoken

PAGE 195

6 recess secret or hidden place – **19 cupped hand** *hohle Hand* – **30 unequivocal** [ˌʌnɪˈkwɪvəkᵊl] unmistakably clear

PAGE 196

4 fervently [ˈfɜːvᵊntli] passionately – **10 merely** only – **14 heart-wrenching sobs tearing at his guts** *herzzerreißende Schluchzer, die an seinem Innersten zerren* – **15 slumped** *zusammengesackt* – **17 to subside** to become less strong – **23 remonstration** protest

PAGE 197

9 to infuriate to make sb very angry – **11 the morrow** *(fml)* tomorrow – **13 to amplify** to increase in size and effect – **23 jamboree** [ˌdʒæmbᵊˈriː] *Sause, Durcheinander* – **27 consoling** comforting – **32 spent** exhausted

Chapter 11

PAGE 198

6 to harbour to have in mind – **15 indignation** [ˌɪndɪɡˈneɪʃᵊn] anger *(Empörung)*

PAGE 199

16 indicting accusing – **17 leper** *Aussätzige(r)*– **21 to gouge** [ɡaʊdʒ] to dig deeply and with huge effect – **21 donga** *(SAE)* canyon – **34 fatal** *tödlich*

PAGE 200

1 jumble chaos – **6 to perish** *(fml)* to die 34 ***mmelwane*** *(Xhosa)* neighbour

PAGE 201

2 keening *(old) Totenklage* – **8 boil** *Eiterbeule* – **9 condemnation** strong criticism and rejection – **25 atonement** [əˈtəʊnmənt] *Wiedergutmachung* – **34 irretrievable** [ˌɪrɪˈtriːvəbᵊl] impossible to correct

Chapter 12

PAGE 203

3 lean thin – **3 void** emptiness– **7 stoop** slump, bending down – **8 huddled** standing or sitting close together – **13 brazier** [ˈbreɪziə] metal container for burning coal or wood – **17 to dwell (dwelled, dwelt)** to live – **19 abode** [əˈbəʊd] home – **20 to forsake** to leave – **25 lumpen** *(inf)* simple, uneducated mass of people

PAGE 204

9 to scurry to hurry, rush (slightly stressfully, like a mouse) – **12 congestion** state of being overcrowded, jam – **17 gait** way of walking – **18 to shamble** to walk slowly and awkwardly – **20 to reiterate** [riˈɪtᵊreɪt] to repeat

PAGE 205

19 instantaneous immediate, spontaneous – **ignition** the lighting of a fire – **25 Operation Barcelona** On the Monday before Amy Biehl's death, the student wing of the African National Congress announced a program called *Operation Barcelona*, encouraging youngsters to destroy Government vehicles and property in support of striking teachers. – **29 tremour** [ˈtremə] shaking – **30 to be riveted** [ˈrɪvɪtɪd] *gefesselt sein*

PAGE 206

2 to meld to mix and join together – **2 disparate** [ˈdɪspᵊrət] different – **20 to elicit** [ɪˈlɪsɪt] to cause – **25 lout** *Rüpel*

PAGE 207

3 accelerator [əkˈseləreɪtə] *Gaspedal*– **10 frenzied** uncontrolled, extremely excited – **10 haphazardly** [ˌhæpˈhæzədli] randomly, without a plan – **11 incessantly** [ɪnˈsesᵊntli] continuously, without end – **32 glee** happiness, excitement or pleasure – **33 to affront** to insult

PAGE 208

1 petal *Blütenblatt* – **24 to yield** [jiːld] to give in or surrender – **30 debris-rich** full of broken things and rubbish

PAGE 209

11 a paltry five minutes i.e. five minutes is no time at all! – **17 fervid** passionate – **23 despair** *Verzweiflung* – **29 animosity** strong dislike – **30 to bear (bore, born) compassion** *Mitgefühl hegen* – **33 irrevocable** impossible to change

PAGE 210

4 scourge [skɜ:dʒ] *Plage* – **6 simmering, seething rage** *brodelnde Wut* – **8 irredeemable** [ˌɪrɪ'di:məbᵊl] impossible to correct – **12 yearnings** strong feeling of wishing for sth – **12 subjugated** ['sʌbdʒəgeɪtɪd] under sb's control *(unterjochen)* – **15 confluence** coming together – **21 to wield** to handle, *here:* to swing – **23 entreaty** [ɪn'tri:ti] *Flehen*

3. Additional information on South Africa

Contents and aims

This section is in two parts. First, essays and articles; and second a historical timeline.

As you read the novel, historical, political and cultural features of South Africa are mentioned which you may not be familiar with. The texts in this section will give you the information you need. It has been designed and written primarily to help you *while you are reading Mother to Mother.*

The timeline, which starts on page 85, is more of a reference and revision aid, to be used after you have finished the novel (but probably before you work on it in class).

The starting point is always the text of *Mother to Mother*: you have probably been guided here by the referencing system **i** in the annotations.

i) Essays and articles

Study tip

In this section, there is more information referring to the early parts of the novel than to the later parts. About half of the information refers to the preface and Chapters 1 and 2 (the first twenty or so pages of the novel). So if you find that reading these texts interrupts your "reading flow", read them later, or take a break from the novel, read the texts "in advance" of the action, then catch up later. You decide.

The next two pages show you the contents of the essays and articles. Chapters and page numbers in brackets refer to the original Klett/ bluestreak/Beacon Press edition of *Mother to Mother*.

1. Historical and cultural background information

Preface

Chapter 1

Chapter 2

Chapter 3

Chapter 4

Chapter 5

Chapter 7

Chapter 8

Chapter 10

1. Historical and cultural background information

→ Author's Preface

The last known photo of Amy Biehl, taken by her mother, Linda Biehl

i Page v, line 1: Amy Biehl

When young, US-American student, Amy Biehl, came to South Africa to work and study at the Community Law Centre at the University of Western Cape in Cape Town, no one could have imagined that she would be brutally murdered by Pan African Congress supporters in the township of Gugulethu as she dropped her friends at home.

This sad and violent incident occurred in 1993, the year before the completion of South Africa's democracy, when Nelson Mandela became the first freely elected president of South Africa. In 1998, all four men convicted of her murder were pardoned by the Truth and Reconciliation Commission.

Not only did her family support their release, but started the Amy Biehl Foundation Trust to work with youth in the townships in the hope of deterring future violence of this nature. The foundation aims to empower young disadvantaged youth through education and cultural activities in the hope that they'll discover their purpose and talents and move in the opposite direction of drugs and crime.

Two of the men convicted of her murder now work for the foundation and provide a very powerful example of how forgiveness and reconciliation can and has changed lives.

[…]

In Nelson Mandela's acceptance speech of the Congressional Gold Media in 1998, he said: "Among those we remember today is young Amy Biehl. She made our aspirations her own and lost her life in the turmoil of our transition, as the new South Africa struggled to be born in the dying moments of apartheid. Through her, our peoples have also shared the pain of confronting a terrible past, as we take the path towards the reconciliation and healing of our nation."

Amy Biehl Memorial, Guguletu, Cape Town

See also the Official Amy Biehl Foundation Website at amybiehl.co.za.

Adapted from: SA-Venues.com

Page v, line 2: Guguletu (sometimes spelt Gugulethu)

Guguletu is a real township (see separate entry on South African townships on page 65), situated on the southern edge of Cape Town, not far from the airport (see map on p. 60). If you ever fly to Cape Town, your bus, car or taxi will almost certainly take you past Guguletu on the way to downtown, about 20 kilometres away. The author of *Mother to Mother*, Sindiwe Magona, grew up in Guguletu. The events surrounding Amy Biehl's death took place very close to Magona's house, although they happened when

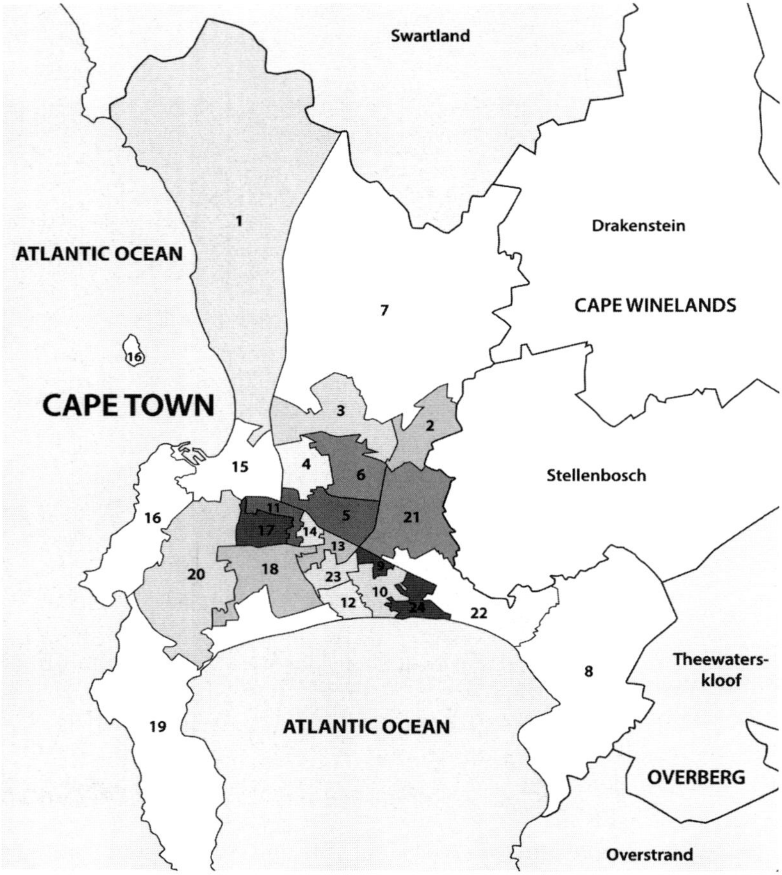

Cape Town – Districts (GUGULETHU is Number 14 on this map. Can you find the other districts mentioned in the book? Langa, Kayalitsha (p. 2); or Blouvlei, Vrygrond, Addersvlei, Windermere, Simonstown and Steenberg (all on p. 28)

she was living and working for the UN in New York. She left Guguletu in 1982, though she retained a residence there for a while.

The 2011 census states that Guguletu is (was) home to 98,468 people, nearly 99% of whom were black South Africans, and that the main language was Xhosa (see p. 66 for more information on African languages in the region), which is spoken by over 88% of township dwellers.

"Guguletu" means "Our Pride" in Xhosa. Much of the population was, under apartheid, *forced* to live there against their will in order to vacate other areas for the use of whites only, and to drastically reduce any political influence that blacks had – see p. 28 of the novel. For these reasons, Guguletu was ironically re-named "*Their* Pride" (meaning the white government's) by many who lived there.

Aerial view of Gugulethu and Airport

Largely due to this history, which led to persistent poverty, Guguletu remains a troubled area. According to data collected by the South African Institute of Race Relations (SAIRR), over 700 people were murdered in Guguletu between 2005 and 2010 – one murder every two-and-a-half days, for five consecutive years.

But Guguletu is a vibrant area, full of urban life, and it probably *is*, in general, safer for white people now than it was at the time of Amy Biehl's tragic murder. But parts of it are definitely still not safe for anyone to walk around alone at night.

The description of Guguletu that the official Cape Town tourism site makes (at www.capetown.travel/attractions/entry/Gugulethu) is very interesting. See if you can "read between the lines".

"Welcome, one and all

The community here has embraced the tourism industry, and there is no shortage of restaurants, jazz clubs and B&Bs. Perhaps the most famous venue in Gugulethu is Mzoli's Place, where you will find local and international visitors on any day of the week. The delicious meat cooked on the open fire ensures that Mzoli's always smells as good as the food tastes.

Guguletu slum

Go with those in the know

The township is best visited as part of a guided tour, taking in all the sights and sounds. Most tours take visitors past the Gugulethu Seven Monument, built to commemorate the death of seven young black activists during the dark days of apartheid.

A guided tour with a difference, the Cape Town Jazz Safari … takes place in the evenings, [and] is a wonderful way to experience Gugs. This musical history will allow you to experience the very local tradition of jazz whilst also enjoying a drink at one of the township's many shebeens.

You could also take a 40-minute guided walk through the houses (mostly built of roof sheeting) to experience the everyday life of the people of Gugulethu (inquire about this via Cape Town Tourism)."

Page v, line 24: Apartheid

"There is no place for [the Bantu[1]] in the European community above the level of certain forms of labour ... What is the use of teaching the Bantu child mathematics when it cannot use it in practice?"

Hendrik Verwoerd, 7th prime minister of South Africa, 1958–66. (See picture on page 74)

White colonialism, and apartheid in particular, were the central aspects of South African politics in the 20th century. Apartheid dominated life in South Africa for at least fifty years. May 26 1948 to May 10 1994 are the official dates of its existence, but attitudes were already set in the 19th Century, and the after-effects of the apartheid regime are still present in today's South Africa.

Bilingual sign from the Apartheid era

At its core, apartheid's (stated) belief was quite simply that white people were superior to people with a different skin colour, and that this justified hierarchical superiority and the right to treat black people as non-equals. It was a denial of basic human rights, under which people with non-white skins were not allowed to own land, live where they chose, and, in some cases (e.g. at school) speak their own language. In short, they were

1 **Bantu** Although originally a neutral word, describing indigenous black Africans, because of its use by whites during apartheid, it came to have negative connotations, and is now regarded as a pejorative term not to be used in normal parlance.

denied the right to live a life with the same level of prosperity, freedom or dignity that whites enjoyed. These attitudes, which possibly had an economic background (by suppressing other people, you could take their possessions and control them more easily), were shored up by legislation after 1948. This of course caused huge anger in the non-white population, then political resistance, which frequently turned into violence. Again and again, demonstrators were beaten, and even gunned down by police. (i Sharpeville, 1960: p. 89 of this book) and Soweto 1976 (p. 71). Police brutality was rife; political prisoners died in custody – most infamously, Steve Biko (see (i in the timeline (1977, p. 90), and in *Mother to Mother*, p. 84).

Although it is difficult to put exact figures on it, there is no doubt that during apartheid, whites were in the minority in South Africa. In 1977, about 16 percent of the country's population were classified as "white". (Today it is more like 8 or 9 %). People of Asian origin (mainly Indians) formed roughly 2 percent of the population, and those classified as *coloureds* (i.e. of mixed race) numbered about 8 percent. So black Africans (classified as "blacks") almost certainly made up over 80 percent. Because many black people were even excluded from the official population of the state of South Africa, perhaps the figure was even higher. Black Africans and their ancestors had inhabited the land for many centuries, perhaps even millennia, before Europeans turned up in the mid 17th Century. There is concrete evidence of the area being inhabited by Africans as early as 1000 BC.

Although racially segregationist values were common in colonialist southern Africa in the 19th Century, i.e. white farm "owners" using people of colour as their means of gaining money and power, 1948 was the date when apartheid started to be enshrined by government Acts, and to become law.

On May 26, 1948, the conservative, Afrikaner-based Nationalist Party came to full political power, and apartheid proper had arrived, ushering South Africa into a new, more politically controversial era. (The government had been elected *by whites only* (a significant minority of the population, remember. "Blacks" and "coloureds" had virtually no vote whatsoever until 1994). How exactly they set about segregating South Africa, and systematically obliterating the basic rights of many people, is a long story. This story is documented very well in two articles at fsmitha.

com (under the title: *Africa into the 1990s: (1) South Africa and Apartheid, 1940s to 1964*, and *(2) The End of Apartheid, 1964 to 1994*. For a shorter version, see the timeline in this book (pp. 85).

Apartheid ended officially on May 10, 1994, when the leader of the African National Congress party, the party that spearheaded the anti-apartheid struggle of black South Africans, Nelson Mandela (see special section on p. 68 of this book), was sworn in as South Africa's first freely elected black president. But it (apartheid) was already showing serious cracks in the 1970's. Arrests, beatings, even murders of ANC activists and pressure from abroad also played a role in the downfall of apartheid – although, shamefully, many nations, most notably Israel and France, co-operated with the apartheid regime consistently, even supporting and aiding in material ways its efforts to build nuclear weapons.

Then, finally, after more than forty years of struggle and bloodshed, the government's ban on the ANC was lifted by the more moderate president, F.W. de Klerk, who had succeeded the hardliner, P.W. Botha, and Mandela was released from prison nine days later. From that day on (Feb 11 1990), it was only a matter of time before apartheid would be dismantled, at least on a political level.

→ Chapter 1. Mandisa's lament

i Page 2, line 11: (South African) Townships

In modern South Africa, there are over thirty townships with 100,000 inhabitants or more (figures based on the 2011 census). The largest (and most famous) is Soweto, near Johannesburg, with a population of nearly 1.3 million people. Townships are home to about 40% of households in

Modern township near Cape Town. It's not ALL slum!

South Africa. According to data of the Neighbourhood Development Programme (NDP), in 2007, about a quarter (11.6 million) of South Africa's population of 47.8 million people lived in townships. Some cities consist largely of townships. For example, 73% of all Johannesburg's population lives in townships – 43% of all the residents of Johannesburg live in Soweto alone.

Most large townships were built after 1950 by the apartheid government, or saw significant expansion after this period. The entire non-white urban population was forced to live in townships (or the rural equivalent: "homelands") through the enforcement of the Group Areas Act of 1950 and other tools of town planning legislation. These laws determined the strict separation of race groups by stipulating, for example, that "... *each race group should have its own consolidated residential area. Each residential group area should be separated by a strong physical "buffer" such as a river or ridge or by use of a buffer such as an industrial or commercial area. Should buffers of this kind not be available, then an open space or "buffer zone" was to be left between group areas.*" (Smit D.P. 1989, The Political Economy of Urban and Regional Planning in South Africa 1900 – 1988: Theory to Guide Progressive Practice, Durban).

→ Chapter 2

i Page 7, line 18: Xhosa and other South African languages

South Africa is a multi-lingual nation, having no fewer than eleven official languages.

Xhosa (called "isiXhosa" by its speakers) is the most common indigenously African language in Cape Town. Approximately 8.1 million South Africans speak Xhosa. According to the 2011 census, one third of these live in the Eastern Cape. It is also strong in the bordering Western Cape, where 17% of all Xhosa speakers live.

This pie chart shows statistics on the percentages of *native speakers* of South Africa's many languages.

Xhosa and Zulu are closely related to each other; in urban areas particularly, speakers understand each other well. There are plenty of videos on YouTube with Xhosa speakers teaching viewers the famous "click" sounds that are typical of Xhosa. My favourite is by a guy called Khaya (try: "xhosa Khaya click").

South Africa's languages

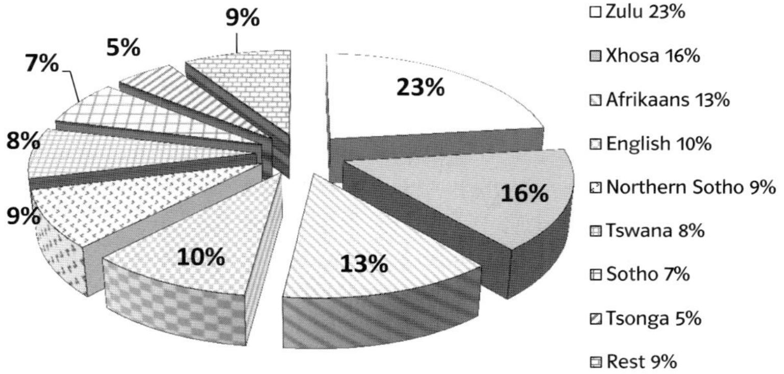

English is of course the most common lingua franca – most public and commercial life in South Africa is conducted in English.

The way language is used by the characters in *Mother to Mother* is quite realistic – Xhosa and Zulu speakers often mix and match languages, peppering Xhosa with English and Afrikaans and vice versa. (Native) speakers of English or Afrikaans tend to be proficient in *both* of those languages, but *not* in a native African language.

Read more at: southafrica.info/about/people/language

i Page 8, line 12: Black women and work in apartheid South Africa

Here is a quote from an ANC[1] essay/report written in July 1980, "Effects of Apartheid on the Status of Women in South Africa". The full version is online at the ANC website (www.anc.org.za):

"Although the policies of apartheid are detrimental to the whole black population, it is the women who are most affected. For while men constitute the majority of the cheap labour force, women are relegated to a shadowy position, expected to remain in the reserves and to support their families without the help of their menfolk. This creates special problems for women, who already suffer discrimination based on their sex.

"In summary, the African women in the urban areas of South Africa are not tolerated in the towns because their labour cannot be exploited

1 **ANC** stands for "African National Congress", the largest black South African political party during and after apartheid, which opposed the white National Party. Nelson Mandela belonged to the ANC. The ANC had strong ties to the Communist Party.

sufficiently to satisfy the needs of the white capitalist sector. Nor are they able to survive in the rural areas. An end to this dilemma will come only with an end to the repressive system that has created these restrictions."

i Page 13, line 35: Tha *Manyano* movement

Indigenous African Christian women in South Africa formed their own movement known as the *manyano* (or prayer union) movement. It was a subversive movement against apartheid, but based on Christianity. *Manyano* groups were generally conservative and peaceful in nature, but they were a site of struggle, survival, and resistance that were – and in some places still are – very influential in the lives of black African women.

i Page 14, line 33: The *toyi-toyi*

The best way to explain the *toyi-toyi* dance is for you to go online and watch it. It is a mixture of protest march, war dance and expression of anger. A good example is the *toyi-toyi* scene from the film *Stander* based on the 1976 Soweto riots (the scene was on YouTube in December 2015). A huge crowd of black Africans marches through the township, dancing, chanting and singing rhythmically to confront the police, who are armed with guns and tear gas.

i Page 15, line 2: Nelson Mandela

Statue of Nelson Mandela in Cape Town

"During my lifetime I have dedicated myself to this struggle of the African people. I have fought against white domination, and I have fought against black domination. I have cherished the ideal of a democratic and free society in which all persons live together in harmony and with equal opportunities. It is an ideal which I hope to live for and to achieve. But if needs be, it is an ideal for which I am prepared to die."

Nelson Mandela, at the Rivonia trial, 20th April 1964.

Nelson Rolihlahla Mandela (usually named just "Nelson Mandela") was an anti-apartheid freedom fighter, and later the first freely elected black president of South Africa (1994-1999). He was president of South Africa's foremost anti-apartheid political party, the African National Congress (ANC) from 1991 to 1997.

Mandela was born in the village of Mvezo, near Umtata, Transkei (Eastern Cape) in 1918 and brought up in the Xhosa culture, as a member of the Tembu or Thembu clan. His mother tongue was Xhosa. He studied Law and became a barrister, joined the ANC and fought tirelessly to free his country from the brutal shackles of apartheid, spending 27 years in jail doing so.

Mandela became, along with Mahatma Gandhi, Martin Luther King and Malcolm X, one of the greatest symbols of the worldwide struggle for the liberation and establishment of human rights for black people in the 20th Century. In 1993, he and the last white president of South Africa, pragmatic National Party leader Frederik Willem de Klerk, were awarded the Nobel Peace Prize because of their joint efforts to end apartheid and turn South Africa into a full democracy.

He died on December 5th 2013 at his home in Johannesburg, South Africa, aged 95.

i Page 16, line 17: Health issues in the townships

Given that it was extremely rare for a white doctor to treat a black patient, this simple table says virtually all that is necessary about medical conditions for blacks during the apartheid era:

Graduating doctors belonging to each population group (per 100,000), 1968–77

POPULATION	MEAN ANNUAL %	MEAN % OF TOTAL POPULATION
White	85.4	17.3
Asian	8.4	2.9
Coloured	3.4	9.4
African	3.0	70.4

Source: Apartheid and medical education: the training of black doctors in South Africa. P.V. Tobias, p. 399.

You can draw your own conclusions from these shocking numbers! (Although there were hospitals and universities that trained black doctors, these institutions were seriously underfunded. There were also some Indian doctors.)

i Page 16, line 22: The "Boers" (Afrikaners)

See also time-line, p. 87.

The "war of the Boers" is mentioned on p. 21, line 18 of your Reader. NB: The term "boer" simply means "farmer". In modern South Africa, it is not used to refer to the ethnic and cultural group any more. The preferred term is "Afrikaner".

The modern Afrikaner is descended mainly from Dutch and German people who settled on the southern tip of Africa during the middle of the 17th century. The first contact came when the Dutch East India Company established a food station outpost near the Cape as a half-way stop for ships travelling between northern Europe and Asia. Starting in 1657, officials could retire from the Company's service and become Free Burghers (independent farmers). This they did, and settled near the Cape. Then, in 1688 a group of French Protestants, striving for their own freedom, fled from France and settled in the Cape, too. Together with the Free Burghers they are regarded as the earliest ancestors of the group of people that called itself Afrikaners.

A unique cultural group was formed which identified itself completely with African soil. As early as 1707, Hendrik Biebouw (Bibault) referred to himself as an "Africaander". This community developed its own language, national identity, history and religion. The people differed radically from the indigenous Khoi and San and also from the south-moving Bantu-speaking peoples whom they would later encounter deeper into the interior.

The consequences of British colonisation of the Cape in the late 18th Century (i.e. conflict with the Xhosa as a result of the Eastern border and the anglicizing policies, and the manner in which the British freed the slaves) fired the Afrikaners' craving for independence. This led to the "Great Trek" (1835–1854) into the interior of southern Africa. This pioneer spirit resulted in the establishment in 1852 of the South African Republic (Afrikaans: "ZAR") and of the Republic of the Orange Free State ("OVS") in 1854. These republics became known as the "Boer republics" – because nearly all of the Afrikaners who lived there were farmers.

In 1880-81 and 1898-1902, there were two bloody wars of independence against the British (known as the "South African Wars" in South Africa, and the "Boer Wars" in Britain) to which Mandisa refers on page 21. The British eventually won the second one. This resulted in May 1910 in the foundation of the "Union of South Africa", the historic predecessor to the present-day Republic of South Africa. The "Union" came into being when four previously separate British colonies – Cape Colony, Natal Colony, Transvaal Colony and Orange River Colony – were amalgamated into one. After World War I, the Union of South Africa was granted the administration of the German South-West Africa colony as a League of Nations mandate and it became treated in most respects as if it were another province of the Union.

The Union of South Africa, as a dominion of the British Empire, was governed as a constitutional monarchy, with the British monarch represented by a governor-general. The Union came to an end when, in May 1961, the country became a sovereign republic, because it had left the British Commonwealth. Its new name was the Republic of South Africa.

The deep resentment caused by the defeat of the Afrikaners at the end of the second Boer War in 1902 was made worse by the appalling treatment of Afrikaans women and children (as well as their black workers) by the British in concentration camps. Because in many cases the Afrikaners' farming land was confiscated by the British, poverty was widespread, and Afrikaners were forced into the cities to look for work.

All these factors led to an increasingly intense national feeling amongst Afrikaners, who felt persecuted (or at least ruled over) by the British, and perhaps outnumbered by Africans. In 1915, the National Party was formed, first coming to power in 1924, the same year that Afrikaans, as opposed to Dutch, was given official recognition.

The culmination of Afrikaner nationalism came with the "winning" (under 20% of the country could actually vote) of the 1948 election by the National Party, with its apartheid policies. This had far-reaching political, social and historical consequences for all of southern Africa.

See also: "From European to Africaander" from the South African History Online at www.sahistory.org.za

→ Chapter 3

i From page 24, line 1: Soweto 1976

See time-line, p. 90. See also p. 72 of *Mother to Mother*.

The 1976 "Soweto Uprising", so called because the unrest began in the township of Soweto, near Johannesburg and then increased and spread

June 16, 1976, Soweto. Cars used for roadblocks during massive protests that came to be known as the Soweto Uprising.

countrywide, profoundly changed South Africa. It is perhaps fair to say that the Uprising was the culmination of the ANC's policies of armed resistance to apartheid, a step that had been taken in 1961 when the military wing of the ANC ("Spear of the Nation"), came into existence.

Events that caused the Uprising can, amongst many other historical events, be traced to the apartheid government's Bantu Education Act of 1953. Under that Act, and others that followed, schools, which were already segregated into those for whites or those for blacks and coloureds, were separated from each other even more. The government withdrew funding for the black missionary schools, and all but three closed. Money flowed instead to white schools.

The Act, which was later renamed the Black Education Act, legalised several aspects of the apartheid system. It forced schools under the direct control of the state. The National Party had the power to employ and train teachers as they saw fit.

Pupil to teacher ratios in black schools went up from 46:1 in 1955 to 58:1 in 1967. Many students were forced to move far away from their homes to attend schools in racially designated areas.

By 1976 the government was spending fifteen times more money on the education of whites than on blacks. In that same year there were 257,505 pupils enrolled in Form 1 at black high schools, although there was only capacity for 38,000 students.

Michelle Obama (right) and Antoinette Sithole, sister of Hector Pieterson, lay a wreath on June 22, 2011 in Soweto.

The issue that caused massive discontent and started the Uprising arose when the Bantu Education Department ordered all schools that Afrikaans should – along with English – become the language in which lessons were taught, a deeply unpopular policy since Afrikaans was seen by many as the language of the oppressor.

On 30 April 1976, students from the Orlando West Junior School in Soweto went on strike and boycotted classes. By 16 June, their rebellion had spread to other schools in Soweto. On that day, between 3,000 and 10,000 students took to the streets to demonstrate and protest. The march was meant to end up at a rally at Orlando Stadium.

They were soon met by heavily armed police. Stones were thrown, and the police responded with bullets. Twenty-three students were shot dead. The first victim was 15-year old Hastings Ndlovu. But the killing in the same incident of Hector Pieterson, aged 12, and in particular the publication of his photograph, resulted in a nationwide revolt against the government, which did not end until the following year. An estimated 700 people died, at least 134 of them under the age of eighteen.

The Uprising had serious consequences for the government. Pictures of the police firing on students went around the world and caused international condemnation. Meanwhile, liberation movements within South Africa received new recruits, adding to the struggle against apartheid, although it was to be another eighteen years before it finally ended.

In today's South Africa, June 16 is National Youth Day, a day on which the country reflects on the violent deaths of schoolchildren during the Soweto Uprising of 1976.

i From page 27, line 7 and p. 144, l. 14: Forced removals

Hendrik Verwoerd in 1961. Often called the "architect of apartheid". Born 1901, assassinated 1966.

When the African National Congress's candidate, Nelson Mandela, became the first freely elected president of South Africa in May 1994, one of the ANC's first acts was to reserve a very large sum of money (the equivalent of four billion dollars) to correct black people's land losses during apartheid. Between 1950 and 1980, about 3.5 million black people were forcibly removed to "ethnic territories", often having to abandon all their possessions and start lives in places that they did not know, in townships that were basically prisons of poverty and deprivation. Often they carried their homes with them: materials were scarce, and their shacks were light. They would dismantle the house made of wood and corrugated iron and simply rebuild it in the place where they had been forced to go.

But how did the government achieve this? And why? The answer to the "why" is twofold: one is a racially-based reason and the other an economic one. Firstly: The National Party government could not, or would not tolerate black people living next door to white people on equal terms (master and servant was OK though, of course). So (according to their thinking) black people had to be removed. Secondly (the economic reason), blacks and coloureds were, in the business-like minds of the government, good for one thing at least: cheap labour, whether in the area of manufacturing, mining or construction. And the best (most efficient) way of ensuring that that labour stayed cheap and available at all times was to put all the people in concentrated spots and to keep them poor.

The townships, and the forcing of people to live there (by, in some cases, simply bulldozing their homes and sending in troops to make sure they moved) was an instrument with which the government wielded iron-fisted economic power over people whom they regarded as innately and racially inferior. It had much in common with the mind-set of the fascist, enforced by the constant threat of arrest to dissenters (including *white* dissenters, who did exist), and even, in some cases, of police brutality.

The answer to the "how" is: legislation. Once "elected" (by the 20% of the population that had a vote) in May 1948, the government set about segregating the population in earnest.

They did this by passing laws:

1. **The Prohibition of Mixed Marriages Act**, Act No 55 of 1949, prohibited marriages between people of different races.
2. In April 1950 came the **Group Areas Act**, which formally segregated races, geographically. Maps were drawn up and areas all over South Africa designated by racial group. If you were black and lived in the "wrong" area, i.e. one reserved for Whites (e.g. the infamous District 6, in Cape Town), you were forced, often under the threat of violence,

Government buildings in modern Pretoria

to move – as Mandisa describes on pages 27 to 34 of *Mother to Mother*. This legislation was further enforced by the Group Areas Development Act of 1955.

3. To ensure that people knew which "race" they "belonged" to, on July 7 1950, the Population Registration Act was passed. This required that all South Africans be classified and registered in accordance with their "racial characteristics" – in a not dissimilar way to how the Third Reich operated: there were lists of "characteristics" that attempted to sort everybody into three groups: "Blacks", "Whites" and "Coloureds" (mixed race). This Act was finally repealed in June 1991.
4. In 1952 came the ironically named Natives (Abolition of Passes and Co-ordination of Documents) Act, commonly known as the Pass Laws Act. This law made it compulsory for **all** black South Africans over the age of 16 to carry an identification document ("pass book") at all times. If a person of colour was caught without this pass, he or she could be, and often was, arrested. This was understandably deeply hated – the passes became a symbol of apartheid, often being called *dompas* ("dumb pass"). The most bloody result of this conflict was the Sharpeville Massacre (see p. 89) in March 1960, where an anti-pass protest was violently put down; 69 people were killed and over 180 injured.

So, based on an ideology of white supremacy, non-white people were moved to wherever the government – who had been voted in by almost exclusively white people, including bosses of black people – wanted them. The system was enforced by a state that used an identity card system to make sure that black people always stayed in the areas that they had been designated to. In opposition to this was a political party (the ANC) that had a military wing, and was fighting a war. South Africa was a violent country in the 1960's and 70's.

i Page 38, line 3: Sexual assault and rape in South Africa

Rape statistics from selected countries (1996)

In the table below, which was made in 1996, we have selected the countries nearest to South Africa, plus the USA, plus a few European countries, to draw comparisons about the extent of sex-related crime.

Numbers refer to *reported* rapes – many rapes are not reported. Furthermore, countries differ in their definitions of the term "rape", and also have cultures that encourage or discourage the reporting of this crime. Thus, absolute comparisons are impossible. Nevertheless, South Africa appears to have a considerable rape problem.

COUNTRY	CASES OF RAPE REPORTED TO POLICE	VOLUME OF REPORTED RAPE PER 100,000 PEOPLE
South Africa	50,481	119.5
Gabon	1,744	105.1
Botswana	1,101	68.5
Swaziland	573	59.4
Namibia	830	50.5
United States	95,769	36.1
Zimbabwe	2,792	23.3
Sweden	1,608	18.2
France	7,191	12.4
England and Wales	4,594	8.8
Spain	1,139	2,9
Uganda	247	1,2

Source: International Criminal Police Organisation ICPO-Interpol (1996), International Crime Statistics

→ Chapter 4

i Page 46, line 27: "One settler, one bullet!"

This was a protest cry and slogan used during anti-apartheid protests in the 1980's. It probably had its origin in the Azanian People's Liberation Army (APLA) – the militant part of the Pan Africanist Congress (PAC).

Even after the end of apartheid, it was used as a call for attacks on whites in general. Occasionally, it is even used today. It was definitely chanted in the moments leading up to Amy Biehl's murder, and her attackers were almost certainly directly motivated by it.

i Page 46, line 29: "Necklacing"

Author Lynda Schuster writes:

"... *'Necklacing' represented the worst of the excesses committed in the name of the uprising. This was a particularly gruesome form of mob justice, reserved for those thought to be government collaborators, informers and black policemen. The executioners would force a car tire over the head and around the arms of the suspect, drench it in petrol, and set it alight. Immobilized, the victim burned to death."*

(from: "A Burning Hunger: One Family's Struggle Against Apartheid", p. 304)

Necklacing "sentences" were sometimes made against alleged criminals by "people's courts" in black townships as a way of having their own judicial system – not always justifiably. The practice was often carried out in the name of the African National Congress, although the ANC executive body condemned it.

Necklacing is also mentioned on page 77 of the novel.

→ Chapter 5

Page 53, line 6: Gold and diamonds in South Africa

The Centenary Diamond. Photo: Graeme Williams, MediaClubSouthAfrica.com

Mineral discoveries between 1860 and 1890 had an enormous impact on southern Africa. Diamonds were first found in 1867 just north of the Cape Colony, and the British government quickly claimed the diamond fields as their own, blocking out the Afrikaner republics – the indigenous black population was not even considered.

Although the diamond industry became the key to white wealth in the Cape Colony, causing a population explosion of Europeans there between 1870 and 1900, it was gold that soon became even more important. Africans had mined gold for centuries at Mapungubwe, on the border with Zimbabwe, but the major development took place in 1886 when large amounts were found near present-day Johannesburg.

Mining on the Rand grew rapidly, and by 1895 the area was producing one-fifth of the world's total gold. By the end of the century, more money had been invested in the gold industry there than in the *whole of the rest of Africa*. The gold mines employed 100,000 men who came from all over southern Africa. By the end of the century, Johannesburg, the centre of this industry, had become the largest city in southern Africa.

Adapted from "The Mineral Revolution" at countrystudies.us, Federal Research Division of the Library of Congress

→ Chapter 7

Page 88 ff: Teenage pregnancy

These two tables say a lot about teenage pregnancy in South Africa in the 1990's:

Table 1: Teenage pregnancy and motherhood in women aged 15 to 19, South Africa 1998

BACKGROUND CHARACTERISTICS	PERCENTAGE WHO:	
AGE	**ARE MOTHERS**	**WERE PREGNANT**
15	2.0	2.4
16	5.2	7.9
17	10.7	14.2
18	19.8	24.6
19	30.2	35.1
RESIDENCE:		
Urban	10.5	12.5
Rural	16.3	20.9
RACE:		
African	14.2	17.8
African urban	11.6	13.7
African: non-urban	16.4	21.1
Coloured	15.7	19.3
White	2.2	2.2
Asian	2.9	4.3
Total	13.2	16.4

Table 2: Contraceptive use by level of education, South Africa 1998

LEVEL OF EDUCATION	ALL MODERN METHODS (%)
No education	33,1
Grades 1 to 5	43,7
Grades 6 to 7	53,6
Grades 8 to 11	64,6
Grade 12	73,1
Higher	78,1
Total	61,2

Source: SADHS Project Team, "South Africa in transition: selected findings from the South African Demographic and Health Survey" (Pretoria, Government Printers, 1998).

Pages 99 – 114: Gungululu: rural South Africa

In South Africa, as in most countries, there is a divide between urban and rural life.

The comprehensive "Migration and Urbanisation in South Africa" report, funded and published by the government in 2006 and available online at the statssa.gov.za website, has this to say about urbanisation trends in South Africa:

There is a steady increase in the proportion of urbanisation over time by race, with the black African population being the least urbanised subpopulation, although this rate is shifting steadily upwards.

[…]

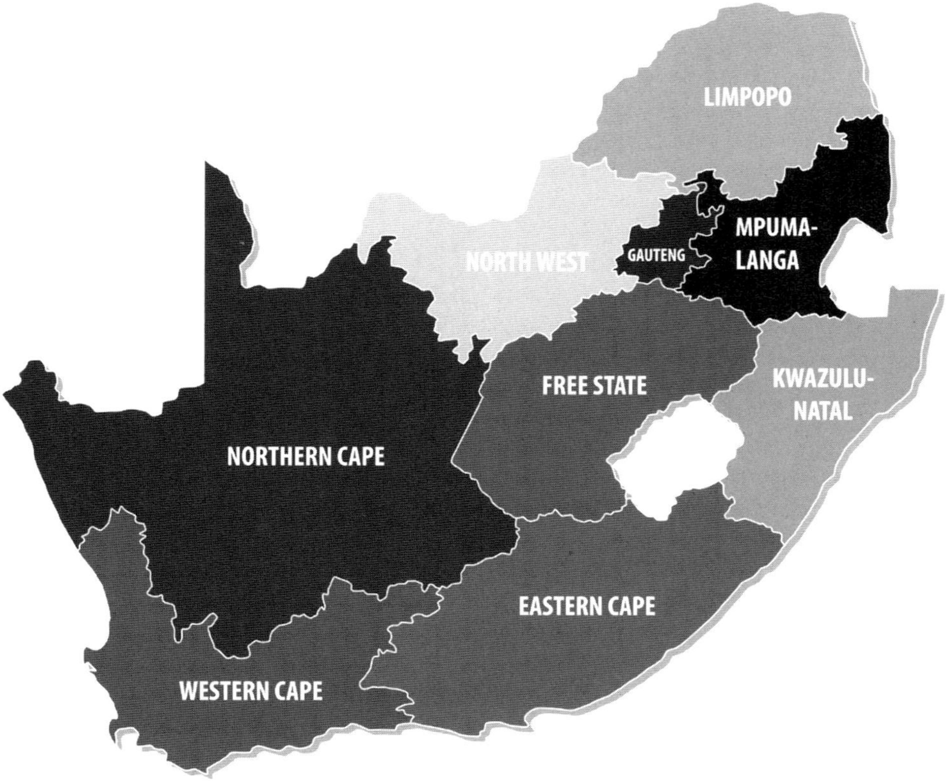

South Africa's Provinces. Locate and mark the cities and towns mentioned in the book: Cape Town, East London, Johannesburg, Port Elizabeth, Gungululu, Soweto.

In January 2013, southafrica.com published this:

"Two-thirds of South Africa's population now lives in urban areas, according to the most recent survey of the country released by the South African Institute of Race Relations (SAIRR) in Johannesburg on Tuesday. The data in the survey comes from the World Bank.

'The proportion of people living in urban areas increased from 52% in 1990 to 62% in 2011,' the institute said in a statement. The share of those living in rural areas dropped from 48% to 38% over the same period.'"

Eastern Cape province, Tsitsikamma National Park.
Photo: Rodger Bosch; MediaClubSouthAfrica.com

→ Chapter 8

i Page 116, line 8: Cattle in southern Africa

In Zulu and Xhosa cultures, cattle were not only a major source of food, they were also a status symbol. The rich and fertile areas of the Eastern Cape and (Orange) Free State were ideal for grazing cattle, and used as such long before Afrikaners came to the area in the early 1800's.

In indigenous cultures, cattle were used in many ways as a currency, for example as part of Xhosa dowries, which were usually paid by the husband's family to that of the bride as a way of making the union between the two families formal. It was also insurance: for a man's family to be prepared to pay this lobolo, the bridegroom must first of all be serious about the bride; it is a sign of committment.

KwaZulu-Natal province: Cattle farm.
Photo: Graeme Williams; MediaClubSouthAfrica.com

The Afrikaners (see article on p. 70) were cattle farmers, too. When they were driven away from the Cape by the British, and went on the "Great Trek" of 1835–46, searching for farming land in the veld in inner southern Africa, they inevitably came into conflict with Xhosa and Zulu people. They took advantage of conflicts amongst indigenous Africans in this area, and when land did become temporarily unoccupied, they moved in. The result in the 20th Century under apartheid was what the taxi driver on page 116 of the novel describes: huge areas of land that belong to one white owner, leaving people of colour landless and without cattle.

i From page 131, line 23: Marriage rituals and customs

As described in this chapter of *Mother to Mother*, it was traditional in Xhosa culture for the new wife to leave her family home when she got married and go to live with her new husband's family. In all cases, she became a daughter to her new family, and in some cases, as in Mandisa's, she became almost like a slave.

On page 135, line 28, we learn that the newly-wed couples' children are often named by the paternal grandparents; even, as in this case, when a child born out of wedlock is brought into the house.

On page 136, starting at line 20, we see that there were "wedding negotiations", and that they were "stormy". Arranged marriages were common; usually the groom's family selected a bride for their son. Because resources were often scarce, both families wanted to be sure that the new arrangement would work, and to have back-up plans if it didn't. Hence (see previous article), in traditional, moneyless cultures, often cattle became part of the bargaining.

On page 141, line 29, we learn that Mandisa receives a new name from her mother-in-law. Her father-in-law simply calls her (line 28) "molokazana", which means "daughter-in-law". It is quite common in Xhosa culture for members of families to simply call each other by these relationship-related names; on page 174, Mandisa's grandfather calls her "Mzukulwana", which simply means "grandchild".

Polygamy, the practice of one man having several wives, is not illegal in South Africa. Indeed, the president of South Africa since May 2009, Jacob Zuma, has been married six times – but not always monogomously. Currently (December 2015), he has four wives, and has fathered at least twenty children (not all of them with his wives).

i Page 152, line 32: Sangomas

Sangomas are traditional healers in southern African cultures. It is estimated that there are about 200,000 sangomas in South Africa alone – almost ten times as many as there are Westernised doctors. Surveys reveal that up to 60% of South Africans consult sangomas regularly.

Sangomas largely rely on the following methods:

1. "Channelling": establishing contact with the spirits of ancestors;
2. The sangoma or patient throws small animal bones, stones, dominoes, dice, coins or shells on the floor. Depending on how they land, a statement is made about what is wrong and how it might be corrected.
3. Interpreting dreams.

Traditional healer house in the township of Khayelitsha, Cape Town

→ Chapter 10

Page 186, line 9: The Christian Church and apartheid

Following Calvinist reforms in Europe, the first Dutch Reformed Church church in Africa was established by the Dutch East India Company at the Cape of Good Hope in 1652.

As black Africans converted to the religion, pressure grew for racially separate congregations. In 1910 a Reformed Church organization was formed – for black Africans only.

By the 1990s, black South Africans formed a majority in all large Christian churches in South Africa except the (white) Dutch Reformed Church. In these (black) churches, many people had become involved in anti-apartheid activities, but with varying degrees of militancy.

Leaders of the South African Anglican Church spoke out against apartheid. Although some white Anglicans opposed the church's political involvement, many black Anglicans became leaders in the anti-apartheid movement. The overwhelmingly black Methodist Church had openly anti-apartheid views.

The South African Council of Churches (SACC) was active in the struggle against apartheid. Under the outspoken leadership of Anglican Archbishop Desmond Tutu in the 1980s, the SACC boycotted cooperation with the state as much as possible. They were opposed in this by the Christian League of Southern Africa, which consisted mainly of the Dutch Reformed Church.

Adapted from: *Religion and Apartheid,* Federal Research Division of the United States Library of Congress, at countrystudies.us

2. Historical timeline of South Africa

Although this list is, of course, highly selective, we have tried to put together a timeline that will help you form a picture of the troubled race politics in a country that has been fought over since Napoleonic times – perhaps even before that. These troubles culminated in the apartheid era of 1948 to 1994, and this is reflected in the emphasis placed here.

Most entries have been adapted from the impressive list at www.timelines.ws/countries/SOUTHAFRICA. An even more extensive set of South African timelines can be found at www.sahistory.org.za/timelines, which is part of the highly recommended South African History Online site – well worth a visit.

In this timeline, entries that are in the darker boxes refer to events that are directly mentioned in *Mother to Mother*.

PRE-EUROPEAN SOUTHERN AFRICA

ca. 1000-1400 AD

The Mapungubwe kingdom (rediscovered by archeologists in the 1930s) thrives in southern Africa.

THE SETTLEMENT AND COLONIAL ERA

1488

Bartolomeu Dias, a Portuguese explorer, sails along the coast of Africa, lands at Mossel Bay (in today's Eastern Cape province) and realizes that he has rounded the continent. On his return journey he names the southern point the "Cape of Good Hope".

1590's

The English and Dutch begin to call regularly at Table Bay on their trading trips to and from Asia. The Cape is about half-way for them.

1652

Officials (mostly Dutch and German farmers) of the Dutch East India Company are sent from Europe to run a small food station at the Cape: the beginning of Cape Town. Colonisation of the area east of the Cape continues, including the French Huguenots from 1688.

1795
First occupation by the British.

1807
British Parliament abolishes the slave trade, leading to a labour problem in South Africa.

1814 (May)
Control of the Cape falls to the British. By **1820**, about four thousand more British people have settled there.

1835-1837
Start of the "Great Trek". About 10,000 Dutch ("Boer") cattlemen and farmers move north from the Cape Colony and settle in inner southern Africa. This process continued until about 1854.

1857
i Start of a black movement based on a prophesy by a young woman called Nongqawuse that if the Xhosa destroyed all food sources, including cattle, their ancestors would lead them to victory over the British. Huge numbers of animals were killed by the Xhosa, who were desperate to be rid of the white intruders, and thousands of people starved. The Xhosa never recovered their land.

1867
Diamonds discovered in South Africa. (See article on p. 78).

1879 (January–August)
"Anglo-Zulu War" against British colonial rule in South Africa.

1881
First Boer War (British against the Afrikaners).

1886
Large amounts of gold found near Johannesburg. (i See article on p. 78).

1900-1902
i Boers declare war on Great Britain, refusing to accept British rule. British victory resulted in the Boer republics becoming colonies of the British Empire and in 1910 part of the "Union of South Africa". During the Boer War (known as the "South African War" in South Africa), Englishman Lord Kitchener creates concentration camps. Hundreds of thousands of women, children and old men are kept in them; an estimated 16,000 die. The war is mentioned in Chapter 3 of *Mother to Mother* (p. 21).

1904
Soweto (an acronym for "southwest townships") was established as a separate, African-only district. It is the first township.

1910 (May)
The "Union of South Africa" becomes part of the British Empire.

1913
South African Land Act reserves 90% of the country's land for the white minority. Blacks are not allowed to own or rent land outside black reserves.

1915
Afrikaner National Party formed to promote Afrikaner interests.

1918 (July 18)
Nelson Mandela (d. 2013), anti-apartheid leader and president of South Africa, is born. i See also p. 68.

1927
The first Immorality Act prohibits sex between whites and blacks. It is amended in 1950 to prohibit sex between whites and all non-whites.

THE APARTHEID ERA

1948 (May 26)
Afrikaner-based National Party with a hardline apartheid policy is elected by white South Africa (only very few people of colour had a vote): apartheid begins.

1949
The government of South Africa bans racially mixed marriages.

1950 (April)
Group Areas Act, formally segregating the population along racial lines geographically. (i Chapter 3, p. 28 of *Mother to Mother*)

1950 (July)
Population Registration Act passed, requiring all South Africans to be classified and registered in accordance with their racial characteristics as part of the system of apartheid. Between **1950 and 1980**, about 3.5 million blacks are forcibly moved to ethnic territories (so called "Homelands"), often forced to abandon land, houses and cattle. (i See article: "Forced removals" on p. 74).

1952
Nelson Mandela joins the Defiance Campaign and is convicted under the Suppression of Communism Act, and soon released on bail.

1953 (April)
The Bantu Education Act is passed. It legalises several aspects of apartheid. (i See article: "Soweto 1976", p. 71).

1955 (February)
Two thousand heavily armed policemen forcefully move the black families of Sophiatown to Meadowlands, Soweto.

1956 (December 6)
Nelson Mandela and 156 others are arrested for political activities, charged with treason.

1957 (May)
The South African government approves race separation in universities.

1959
Colin Eglin (1925-2013) starts Progressive Party (white, liberal, anti-apartheid).

1960 (March 21)

The dreadful Sharpeville Massacre marked the end of the ANC's peaceful protests.

In Sharpeville, south of Johannesburg, police massacre 69 black protestors as they demonstrate against the pass books that the apartheid government required them to carry at all times.

In the same year, the African National Congress (ANC) is outlawed by the government, but in December, the president-general of the ANC, Albert John Luthuli, wins the Nobel Peace prize.

1961 (March)
South Africa leaves British Commonwealth. In April, The U.N. General Assembly officially condemns South Africa for apartheid.

1962 (Nov 6)
The U.N. General Assembly resolution calls on members to break diplomatic relations and boycott trade with South Africa.

1963 (October)
Rivonia trial results in the jailing of Nelson Mandela and Govan Mbeki. Mandela makes his famous speech (see p. 68 of this book)

1964 (June)
Nelson Mandela, convicted of treason in the Rivonia Trial, is moved to prison on Robben Island. He will stay there until April 1982. South Africa is banned from the Olympic Games.

1966
District Six, a multicultural community in Cape Town, is declared an all-white area. Blacks are not allowed to return until 2004. i page 28 of *Mother to Mother.*

1974 (November)
South Africa suspended from the United Nations.

1976 (June 16)
Police in Soweto gun down teenagers Hector Pieterson and Hastings Ndhlovu. There follows a nationwide riot that leaves 700 people dead. i See article on page 71 of this book: "Soweto 1976", and page 24 of *Mother to Mother.*

1977 (August)
Steve Biko, head of the Black Consciousness Movement and the country's best known political dissident, is arrested under the Terrorism Act of 1967. Biko suffers a major head injury while in police custody in Port Elizabeth, when he is chained to a window grille. He is later driven naked in a truck 700 miles to Pretoria where he dies in a prison cell on Sept 12. This death was a turning point and led to massive international protests and a UN imposed arms embargo. i Biko is mentioned on p. 84 of *Mother to Mother.*

A song about him ("Biko") was made popular in 1980 by the British artist Peter Gabriel, raising consciousness outside South Africa for the anti-apartheid struggle.

Richard Attenborough's 1987 film, Cry Freedom, also tells the story of Steve Biko.

1977
South Africa's nuclear weapons programme is discovered. US president Jimmy Carter condemns it loudly.

1978
Hardliner P.W. Botha (1916-2006), who has been in the Nationalist government since 1948, becomes Prime Minister. In 1984 he became president and continued until 1989.

1984
Between September 1984 and December 1993, approximately 19,000 people are killed in political violence in South Africa.

1985
Two ANC activists and eight others are killed in Lesotho. A court in 1996 is later told that the murders were planned by President Botha personally.

1986
Desmond Tutu becomes the archbishop of Cape Town, the first black man to lead the Anglican Church in southern Africa. i See article on p. 84 of this book.

APARTHEID STARTS TO FALL APART

1987
April: Using emergency powers, the government outlaws virtually all forms of protest against the detention of political dissenters. But resistance to apartheid is now huge; the government is getting desperate.
November: Govan Mbeki, former ANC leader and father of South Africa's future president, Thabo Mbeki, is released from prison after 24 years.

1988 (February)

February: Archbishop Desmond Tutu and other religious leaders are arrested while protesting with a petition against government bans on anti-apartheid groups.
June: Nelson Mandela 70th Birthday Tribute (huge rock concert) held at Wembley Stadium, London. (Mandela, still in prison, cannot attend).

1989

July 5: The president, P.W. Botha, meets with Mandela.
August 14: Botha resigns after a power struggle in the National Party. He is succeeded by the more moderate politician, F.W. de Klerk (b. 1936).
September 6: The National Party loses nearly a quarter of its parliament seats, its worst setback in four decades.
September 13: Desmond Tutu leads the biggest ever anti-apartheid protest march in South Africa.
September 20: De Klerk is sworn in as president. He will be the last president of apartheid-era South Africa.
December 13: De Klerk meets with Mandela for the first time, in Cape Town.

1990

February 2: De Klerk lifts the ANC ban and promises to free Mandela. On Feb 10, he announces that Nelson Mandela will be released the next day.
Feb 11: Nelson Mandela, under the spotlight of the world's media, is released from prison after being detained for 27 years as a political prisoner.

Nelson Mandela two days after his release, addressing over 100,000 people in Soweto

March 16: De Klerk asks exiled ANC leaders to return home for talks.

April 16: Nelson Mandela speaks for 45 minutes at Wembley Stadium, London as part of a huge, globally televised concert to celebrate his release.
May 2: The government of South Africa and the ANC open formal talks aimed at ending apartheid.

1991 (June 17)
South African Parliament abolishes the Population Registration Act, the last major apartheid law still in effect.

THE SOMETIMES BLOODY PATH TO DEMOCRACY

1991
July 2: Official, national ANC conference begins – the first since 1960. Oliver Tambo hands over the party presidency to Mandela.
July 9: South Africa readmitted to Olympic Committee.
September: De Klerk proposes a new constitution to allow blacks to vote and govern; the ANC rejects the plan, saying it is designed to maintain white privileges.

1992
March: White South Africans vote to support the reform process by a margin of 68% to 32%, thus supporting the end of apartheid.
September: De Klerk and Mandela hold their first meeting in three months. They agree on the urgent need for an interim government.

1993
March: De Klerk admits for the first time that the apartheid governments(s) built six nuclear bombs.
May: Representatives of 23 political parties sign a declaration of intent to hold multiracial elections within a year.

August 25: Amy Biehl, Stanford graduate and Fulbright scholar from Newport Beach, California, is slain while attempting to drive black friends home to Guguletu, a township in Cape Town. Four members of the PAC youth wing are arrested, convicted and sentenced to 18-year jail terms. They later request amnesty from the Truth & Reconciliation Commission, which is granted to them in 1998.

September 24: Addressing the United Nations, Nelson Mandela asks the world to lift economic sanctions against South Africa, saying foreign investments will help prevent unrest and support democracy.
October 8: The UN lifts all economic sanctions against South Africa.
December 10: De Klerk and Mandela receive the Nobel Peace Prize.
Figures are released that document the killing of approximately nineteen thousand people in political violence in the nine years since September 1984.

1994

April 26: Voting begins in South Africa's first all-race elections. Nelson Mandela wins the presidency.
May 10: Nelson Mandela is sworn in as president. His ANC party reserve $4 billion to be spent over ten years to help correct the land imbalance caused by the forced removal of black people to ethnic territories.

SOUTH AFRICA SINCE THE END OF APARTHEID

Here are some themes which you might explore:

- The work of **Amnesty Committee**, part of the **Truth and Reconciliation Commission** under Desmond Tutu;
- Solving the Steve Biko case **(1997-99)**;
- The end of Mandela's presidency and his political successors;
- The fate of the National Party ("New National Party");
- Other political scandals: in particular: **Jacob Zuma**;
- **AIDS** – South Africa's sad rise to having the highest proportion of HIV-positive citizens in the world;
- **Economic realities**: apartheid replaced by an economic divide between rich and poor;
- The 1995 **Rugby World Cup.**

The following URL's and sites were the main sources of information for this book:

For general and historical information about South Africa
southafrica.info; sahistory.org.za; fsmitha.com; bbc.co.uk/worldservice/africa/
shtmlwww.fsmitha.com/h2/ch34-sa2.htm (*Africa into the 1990s* and *The End of Apartheid, 1964 to 1994*)

Photos of South Africa
www.mediaclubsouthafrica.com/image-library

Magona's biography
kwela.com/authors/2123; iamwomanseries.com/our-stories/episodes-13-18/sindiwe-magona/ (radio interview)
www.jstor.org; look for: "The Manyano Movement"

Cape Town
www.capetown.travel/attractions/entry/Gugulethu

Townships
sacitiesnetwork.co.za/wp-content/uploads/2014/07/township_transformation_timeline.pdf

ANC (status of women in apartheid)
www.anc.org.za/show.php?id=4668

Nelson Mandela
www.nelsonmandela.org/content/page/biography

"One settler, one bullet"
proteamedia.com/?p=2675

The Mineral Revolution ("Gold and diamonds in South Africa"); Religion and Apartheid (and much more history) at:
www.countrystudies.us/south-africa/

Bildquellenverzeichnis
11 Sindiwe Magona , Cape Town, South Africa; **58** getty images (Allen J. Schaben), München; **59** Alamy (Ariadne Van Zandbergen), Abingdon, Oxfordshire; **60** Fotolia.com (lesniewski), New York; **61** getty images (Grant Duncan Smith), München; **62** Fotolia.com (Delphotostock), New York; **63** Alamy (imageBROKER), Abingdon, Oxfordshire; **65** Fotolia.com (heike.strempel), New York; **68** Fotolia.com (lukas555), New York; **72** getty images (Keystone), München; **73** getty images (AFP), München; **74** mauritius images (Alamy), Mittenwald; **75** Fotolia.com (milosk50), New York; **78** Foto: Graeme Williams, MediaClubSouthAfrica.com; **80** Fotolia.com (lesniewski), New York; **81** Foto: Rodger Bosch, MediaClubSouthAfrica.com; **82** Foto: Graeme Williams, MediaClubSouthAfrica.com; **83** Dreamstime.com (Delstudio), Brentwood, TN; **89** getty images (Universal History Archive), München; **92** getty images (Boston Globe), München